새천년, 세계는 어디로 가는가?

옮긴이

박범수는 경희대학교 영어영문학과 및 동 대학원을 졸업했으며, 현재 전문 번역가로 활동 중이다.

박재환은 건국대학교 사학과 및 동 대학원을 졸업하고 파리 4대학에서 박사 과정을 수료했다.

장지현은 동국대학교 일어일문학과를 졸업했으며, 현재 임프리마 코리아 에이전시에서 근무하고 있다.

장혜경은 연세대학교 독어독문학과 및 동 대학원 박사 과정을 수료했으며, 현재 전문 번역가로 활동 중이다.

주효숙은 한국외국어대학교 이태리어과를 졸업했으며, 현재 대학에서 강의를 하고 있다.

새천년, 세계는 어디로 가는가?

1판 1쇄 인쇄일 · 1999년 12월 20일

1판 1쇄 발행일 · 1999년 12월 24일

엮은이 라시드 네카즈 · 레오나르 안토니

옮긴이 박범수 · 박재환 · 장지현 · 장혜경 · 주효숙

펴낸이 박재환

편집기획 윤희진 박윤희 서영주

영업기획 신민식 김진성

관리팀 이인규 경영미 전매화

인쇄 그린칼라   **제본** 삼화제본

전산 황기획

펴낸곳 글리오 서울 마포구 서교동 464-41 미진빌딩 4층 (121-210)

전화번호 322-9977   **팩시밀리** 336-2151

E-mail cliobook@cliobook.co.kr   http://www.cliobook.co.kr

출판등록 1998년 4월 23일 제16-1646호

값 7,500원

ISBN 89-88295-37-4 03300

새천년, 세계는 어디로 가는가?

— G7 정상과 세계 젊은이들의 인터넷 대화

라시드 네카즈 · 레오나르 안토니 엮음

박범수 · 박재환 · 장지현 · 장혜경 · 주효숙 옮김

끌리오

차례

새천년에 권하는 이 한 권의 책

새천년이 밝아옵니다.

우리는 희망 찬 새천년을 생각하기도 하고, 불안한 새천년을 생각하기도 합니다.

이러한 때에 정말 우리에게 필요한 책이 발간되었습니다. 《새천년, 세계는 어디로 가는가》라는 제목의 이 책은 현재 세계를 이끌고 있는 G7 정상과 21세기의 주역인 스무 살 전후의 세계 젊은이들이 현대 과학 기술의 총아인 인터넷을 통해 새로운 세기에 인류가 직면하고 있는 가장 시급하고 중요한 문제들을 토론했습니다.

현재 우리는, 제가 젊었을 때는 도저히 상상할 수 없었던 일들이 현실화된 것을 경험하고 있습니다. 그러한 것들 가운데 하나가 바로 이 책에서 대화의 수단으로 사용하고 있는 '인터넷' 입니다. 우리는 이 인터넷을 통하여 세계의 어떤 사람과도 만날 수 있으며, 어떤 형태의 정보라도 접할 수 있습니다.

이 책의 엮은이들은 인터넷을 통해 기발한 착상을 하였습니다. 바로 다음 세기의 주역들인 젊은이들과 20세기의 주역인 G7 정상들 사이 대화의 장을 마련하는 것이었습니다. 여기에서 두 주역은 우리가 현재 직면하고 있는 문제들, 정치 · 종교 · 민주주의 · 환경 · 핵 · 과학 · 경제 ·

우주 개발·평화 등을 토론하고 있습니다.

우리 젊은이들도 여기에서 거론되고 있는 문제들을 진지하게 생각해 본다면, 세계 젊은이들의 고민을 이해할 수 있을 뿐만 아니라 21세기를 맞는 우리 자신에 대해서도 성찰할 기회가 있을 것입니다.

우리 젊은이들에게 이 책을 추천합니다.

새천년준비위원회 위원장

이어령

미래를 준비하는 이들에게

새로운 세기, 새로운 천년이 시작되고 있습니다.

돌이켜보면 20세기는 인류가 자아를 깨우친 세기였습니다. 그러나 20세기는 인간이 인간답게 살았다고는 말할 수 없는 세기인 것 같습니다. 과학 기술 혁명과 정보 통신의 발달은 생활의 편리를 가져다 준 대신 그 대가로 공동체의 해체와 인간의 물질화, 영혼의 황폐화 경향을 낳았습니다.

21세기에는 인류 사회에 더욱 급속한 변화가 일어날 것입니다. 정신을 차릴 수 없을 정도로, 초음속의 격변이 밀어닥치고, 섬광 같은 변화들이 지나갈 것입니다.

21세기는 인류가 인간적 삶의 구현을 위해 싸우는 시기가 될 것입니다. 인간적인 삶, 살아 있는 공동체, 인간적인 제도와 질서, 문화를 위한 싸움이 21세기 정치의 주요한 화두가 될 것입니다. 환경과 도시, 생명공학, NGO(비정부 기구), 정보의 소유와 정보에서의 소외, 이런 것이 21세기 정치가 다루게 될 주요 이슈가 될 것입니다.

미래는 기다리는 자의 것이 아니라 준비하는 자의 것입니다.

《새천년, 세계는 어디로 가는가》라는 이 책에는 바로 그러한 미래에 대한 진지한 고민이 담겨 있다는 점에서 일독을 권합니다.

이 책은 세계 7대 경제 대국의 지도자들이 21세기의 주역인 세계의 젊은이들과 인터넷으로 나눈 대화를 기록한 것입니다. 여기에는 민주주의, 정치와 종교 문제, 경제와 과학 기술, 환경 문제, 우주 개발, 유엔의 역할, 빈곤의 문제, 지구 온난화 문제, 유전자 변형 식품, 질병, 외양(남빙양과 북빙양 등) 개발 문제, 핵 문제 등 21세기 미래 세계가 직면할 화두가 총망라돼 있습니다.

인류의 장래에 대해 관심을 갖고, 세계의 지도자들과 토론하며 그들의 지혜를 듣는 것은 지구의 미래를 위해 참으로 밝은 징조가 아닐 수 없습니다.

우리 젊은이들이 일독하며 고민해볼 것을 기대하고, 나아가 우리 나라에서도 이런 창조적 대화의 자리가 열렸으면 합니다.

한나라당 총재
이회창

새로운 세기의 문턱에서

우리는 새로운 밀레니엄과 새로운 세기의 문턱에 와 있습니다.

역사가 그것을 증명하듯이, 세기가 바뀔 때면 불안과 희망이 함께 인류를 찾아왔습니다. 물론 21세기를 맞는 현재의 인류도 예외는 아닌 듯합니다.

이러한 때에 아주 좋은 책이 발간되었습니다. 이 책은 세계를 이끌고 있는 경제 대국 7개국의 정상들이 미래의 주역이 될 20세 전후의 청소년들이 질문한, 인류가 직면하게 될 가장 중요한 문제들에 대한 답변을 담고 있습니다. 청소년들이 느끼기에 가장 급박하고 중요한 질문들은 민주주의, 종교와 정치, 환경, 기후, 우주의 미래, 평화, 교육 등 누구나 보편적으로 느끼는 것들이었습니다. 물론 그 속에는 핵 문제와 유전자 변형 농산물, 에이즈 등 현재 시사적으로 우리의 귀에 익숙한 것들도 많습니다.

이 책 속에 담긴 내용들이 우리 나라 청소년들이 고민하고 있는 문제들과 100퍼센트 일치하지 않을 수도 있지만, 보편적으로 관심을 가질 수밖에 없는 중차대한 문제들입니다. 더구나 정보 혁명을 통하여 공간 개념이 빠른 속도로 사라지고 있는 현재 이 책 속에 담겨 있는 내용들은 정말로 우리 청소년들뿐 아니라 우리 국민 전체가 관심을 갖고 대처해야 할 것이라고 생각합니다.

　다른 한 가지 주목해야 할 사항은 현대 과학 문명의 총아인 인터넷이 없었다면 도저히 이러한 형태의 책이 발간될 수 없었을 것이라는 사실입니다. 인터넷이 없었다면 이렇게 수많은 세계의 청소년들이 한 장소에 자신들의 관심사를 피력하여, 세계를 이끌고 있는 선진 7개국 정상들의 답변을 끌어낼 수 없었을 것입니다. 우리는 다시 한 번 현대 과학 기술에 감탄하지 않을 수 없습니다.

　다음 세기의 주역들인 20세 전후의 청소년들과 호흡을 같이할 수 있는 젊은 국회 의원으로서 저는 이 책을 읽은 우리 나라 청소년들과 그 내용들에 대해 진지하게 논의할 수 있는 기회를 가졌으면 합니다. 그만큼 이 책은 인류가 다같이 고민하지 않으면 안 되는 문제들에 대해 솔직하면서도 진지한 내용을 담고 있습니다. 모든 청소년들이 꼭 한 번 읽어보기를 권합니다.

국회 의원

김민석

박범수 옮김

부유하든 가난하든 어린이들은 처음으로 비참함과 공포, 전쟁과 질병을 아는 순간 세상을 변화시키기를 꿈꾼다. 하지만 여러 해에 걸친 공부와 일상의 경쟁, 직장 생활과 실직 상태 등은 그들의 꿈을 접게 만든다. 그들 대부분은 이미 그저 하루하루를 연명하는 것이 그리 나쁘지만은 않으며, 스스로의 운명을 개척하는 것이 사치스러운 일이라고 생각할 것이다. 세상 살아가는 이야기는 이 정도로 해 두자.

우리도 열 살 또는 열한 살 정도의 나이였을 때, 그러한 꿈을 품은 아이들이었다. 하지만 어른이 된 지금도 그 꿈은 변하지 않았으며, 현실의 어떤 교훈도, 상식이 요구하는 어떤 것도 그 꿈을 버리도록 설득하지 못했다. 그렇다고, 우리가 삶으로부터 교훈을 얻는 일에 실패한 것은 아니다. 많은 사람들의 기대와 달리 우리는 생활이 어린 시절의 희망과 꿈을 과거에 대한 그리움 정도로 바꾸는 것은 아니며 또한 우리의 야망을 무력화시키지도 못한다는 것을 깨달았다.

사실, 삶은 우리를 상상조차 하지 못했던 곳으로 안내하기도 한다. 가능성의 추구는 그다지 슬픈 일은 아니다. 그것은 장벽처럼 여겨지는 어떤 것 너머에 도달할 수 있도록 이끄는 끊임없는 권유이다. 이루어지지 않은 것은 불가능해보이지만, 일단 그것을 성취하면 놀라울 정도로 간단해보이는 법이다.

이 책의 원칙은 단순하다.

먼저, 전세계 수억에 달하는 젊은이들에게 미래에 대한 그들의 우려와 관심을 선진 7개국 정상들과 공유할 것을 청했다. 가장 시급하고 대표적인 질문들을 선정했고, 각각의 지도자들, 빌 클린턴 대통령 · 토니 블레어 수상 · 게르하르트 슈뢰더 총리 · 자크 시라크 대통령 · 오부치 게이조 수상 · 장 크레티앵 총리 · 마시모 달레마 총리로부터 그 대답을 해주겠다는 동의를 얻었다. 마지막으로, 이들 젊은이들을 대신하여 그들 각각이, 새천년을 어떻게 보는지 질문하겠다고 약속했다.

이 기획을 추진하고 이러한 모험의 발단과 이해 관계를 설명하는 것은 허영심이나 값싼 명예욕 때문은 아니다. 외교적 능력이나 기술을 자랑하려는 것도 아니며, 목표 달성을 위한 치밀한 전술을 자랑하고자 하는 것은 더더욱 아니다. 우리는 사색가들이 아니며, 정신적 지도자도 아니다. 선거를 통해 출세하려는 야심 따위는 없으며, 재산을 모으기 위한 것도 아니다.

우리의 꿈이 지닌 힘은 일상성 속에 있다. 그것은 만약 전세계 수억의 젊은이들이 공유하고 있으며, 자축해야 할 것이 있다면, 통역자가 되어 그들이 말하는 것을 전달하기 위해 몇 개월이고 계속 대화를 해내는 끈기일 것이다. 그렇게 하나의 운동이 탄생했다. 그 운동은 우리들 사이에 전파되었고, 다른 사람들에게도 전파될 것이다. 우리 모두에게 속한 것이기 때문에 어느 한 사람이 혼자 넘겨받아 좌지우지할 수 없다는 것을 깨닫게 되어 기쁘다. 그렇다면, 이 운동은 어디에서 유래했고, 어떻게 생겨났으며, 그 영향력이 어느 범위까지 미칠 것인가?

비록 우리가 처음 몇몇 시기에 대해서는 알고 있다 할지라도, 그 과정은 이미 우리의 손을 벗어났다.

옛날, 인터넷이라는 것이 있었다.

이렇게 시작한다고 해서 이 책이 멀티미디어와 인터넷이 이 세상을 어떻게 바꿔놓을 것인가에 대한 강좌는 아니다! 아주 평범해보이는 우리들의 경험에서 시작해보자.

스물두 살. 세상 구경도 했고, 고등 학교도 졸업했으며, 우리들 가운데 누군가는 철학에, 다른 누군가는 음악에 심취해 있기도 했다. 우연히, 언론 쪽에서 일하는 친구가 우리들을 규합했다. 우리는 이미 웹web이라고 불리는 세계적인 공동체의 회원이었다. 당시(5년 전, 1세기라고 해도 무리가 없을 세월인!), 웹은 그리 제한적인 세계는 아니었다. 아직 전세계적인 규모의 통신망도, 환상적인 기술적 · 상업적 · 정치적 도구도 마련되지 않은 상황이었다. 우리는 그 안에서 즐겼고, 뭔가를 발견하기도 했으며, 의견을 교환하기도 했고, 여기저기를 정처 없이 다니기도 했다. 정보의 고속 도로에 나선 모든 여행자들과 마찬가지로 우리는 그 도로를 마구 달렸다. 우리는 이 새로운 의사 소통 방식에 대해 무한한 호기심과 매혹을 느꼈으며, 또한 아직 확실히 이해하지 못한 이 새로운 장난감의 매력을 경험했다.

사람들은 혼자라는 것을 두려워한다. 그러한 이들에게 인터넷은 사람들과 만나는 장소가 된다. 우리는 미친 듯이 자판을 두들겨대며 전세계의 젊은이들과 이야기하기 시작했다. 프랑스어로, 영어로 편지를 썼고, 아프리카 · 아시아 · 미국 · 유럽의 사람들과 만났다. 우리는 서로에게 자신들의 꿈을 털어놓았고, 서로에게 치유법이 될 만한 조언을 해주었으며, 성 생활에 대한 이야기를 듣기도 했다. 그 안에서 수자원, 종교, 신, 그리고 악마에 대한 토론이 펼쳐지는 것도 발견했다. 우리는 우리 대부분이 언제나 원했지만 거절이 두려워 머뭇거렸던, 모두에게 안부를 전할 수 있는 새로운 능력의 신선함을 즐겼다.

하지만 이 모두가 그저 즐기기 위한 것은 아니었다. 우리는 아직도 그것이 무엇인지 몰랐지만, 이미 하나의 목표가 생겼다. 우리가 통신에 접속하는 것은 죄를 고백하기 위해서라거나 여자 친구를 사귀기 위해서가 아니라, 전세계에 퍼져 있는 비슷한 생각을 가진 사람들이 열망하는 것, 관심을 쏟고 있는 문제, 조직적 운동 등에 동참하기 위해서이다.

이 세계는 얼마나 작은가. 우리들은 지평선이 나지막한 집들로 경계를 이루는 곳에서도, 높은 빌딩들로 가로막힌 환경에서도 성장한다. 개개인은 이런 유형의 공간에 일종의 친숙함을 느끼고, 태어난 고향에 익숙해진다. 어려서부터 여행을 할 수 있는 행운을 타고난 사람들조차 자기가 속하지 않은 세계와 대면하면, 걱정과 더불어 세상의 바깥에 있는 듯한 느낌을 받는다. 만약 당신이 대도시 외곽의 빈민층에서, 파리나 로스앤젤레스에서, 또는 아프리카의 어떤 마을에서 성장했다면, 다른 지역은 상당히 멀리 떨어진 것처럼 느껴질 것이다. 또한 이 세상의 나머지 부분을 엄청나게 두려운 곳으로 여길 수도 있다.

그러나 일단 웹 속에 들어오면, 세계는 우리의 시야 안에 들어온다. 최초의 투자만 하고 나면, 이 세상 구경을 위한 출입은 실질적으로 공짜나 다름없다. 우리는 게걸스럽게 탐험을 계속했다.

우리는 세상이 어떤 것인지 모를 만큼 순진하지 않다. 인터넷이 단지 교양 있고 귀여운 사회자들이 똑 부러지는 질문을 해대는, 사심 없는 논쟁과 공개 토론의 집합체만은 아니라는 것을 알고 있다! 그 안에서 엄청나게 잦은 큰 거래와 대규모의 교역이 이루어진다는 것도 안다. 인터넷에 들어가는 이유가 순수함만은 아니라는 것을, 거기에서 나타나는 이해 관계가 매우 다양하며, 때로는 부정직하기조차 하다는 것도 안다. 일대일 마케팅(상품을 제조하는 회사들이 당신 자신보다 당신에 대해 더 잘 아는)에 대한 전망은 조지 오웰의 소설에나 나올 법한 것이며, 섬뜩하기조차 하다. 인터넷에는 인간 관계처럼 좋은 면과 나쁜 면이 공존한다. 이 도구가 악몽을 가져다 주는 원인이 될 것인가? 어쩌면 그럴 수도 있다. 하지만 바로 그 점이 인터넷이 꿈의 도구가 될 수 있는 이유이기도 하다.

우리는 우리를 매혹시켰던 일을 하는 법을 배웠다. 다른 사람들을 알게 되었으며, 사업을 시작했다. 처음으로 웹 페이지(주요한 수입원이 되었던)를 만들고, 채팅을 하면서 시간을 보내곤 했다. 웹에 익숙해지고 거기에서 잡지에 실을 기사를 쓰거나 쓰다 만 소설을 손질한다거나 하는 등의 가능성을 발견했다. 쓸데없는 논의를 피하기 위해 애쓰면서, 공개 토론방에서 채팅방으로 옮겨다녔다. 웹은 또한 평범한 사람들과는 다른 유별난 가치를 신봉하는 몇몇 집단의 본거지이기도 하다. 그들과는 생각을 교환할 수 없었기 때문에 우리는 스스로의 힘으로 지식을 모았다. 때로, 우리는 각자의 집에서 접속해 자신이 보낸 나날들에 대해 이야기를 주고받으며 밤늦도록 대화를 하곤 했다. 우리는 눈에 보이지 않게 수집가가 되어가고 있었다. 낯모르는 사람들의 생각과 질문, 꿈을 수집했다.

맨 처음에는 특별한 계획도, 어떤 의도가 있었던 것도 아니었다. 단지 그토록 강한 감정들, 때로는 너무도 놀라운 질문들이 엄청나게 많아 그대로 허비해버리는 것이 안타까웠다.

그러던 어느 날 저녁, 아이디어가 떠올랐다. 그것들을 축적하는 전용 웹 사이트를 만들자. 결국 사람들은 21세기와 세번째 천년에 대해 계속 이야기를 해댈 것이니 말이다. 우리는 새로운 세기에 대한 평가나 축제 분위기 따위에는 그다지 관심이 없었다. 10대 주요 사건 목록 같은 것도 짜증스럽고, 1999년 12월 31일을 어디서 보낼지에 대해서도 관심이 없었다. 우리는 우리 자신들을 우리의 미래에, 그리고 온 인류의 미래에 투사시켜보고자 했다. 우리들이란 가족과 친구들만을 의미하는 것은 아니다. 이미 미래에 대한 희망과 우려를 함께 나누었던 수천 명의 사람들을 의미한다. 그리고 아무도 관심을 갖지 않는데다 주위에 들어줄 사람조차 없어 그 누구에게도 던지지 못했을 거라 느껴지는 진지한 질문들, 진정한 질문들을 스스로에게 던지는 젊은이들을 의미한다. 이렇게 해서 www.millenarium.org 사이트가 탄생했다. 이 사이트는 전세계의 젊은이들과 그들이 안고 있는 물음들이 만날 수 있는 최초의 장소가 되었다.

우리의 생각을 알리기 위해 재빨리 웹전문가 몇몇 사람에게 도움을 청했다. 수천 통의 전자 우편을 보냈고, 통신상에서 대담과 회견을 진행했다. 몇몇 웹진에서 우리에게 메시지를 보내왔다. 우리의 성공은 놀라울 정도로 빨랐다. 거의 우리를 압도할 지경이었다. 수

십만의 사람들로부터 질문을 받았고, 드문 경우지만 몇 차례 우리를 조종하려는 시도도 있었다. 우리의 통찰이 정확했음을, 우리가 꿈꾸던 것이 그저 백일몽이 아님을 알았다. 하나의 운동이 전개되고 있었던 것이다.

물론 지금까지 우리가 알고 있던 정치적인 의미의 운동은 아니었다. 체계를 갖춘 요구 사항이나 지도자 같은 것은 없었으니까. 협회나 연합, 압력 단체 따위로 이루어진 것도 아니었다. 좌익이나 우익, 남과 북 그 어느쪽도 아니었다. 그 점에 대해서는 문제의 소지가 전혀 없었다. 각 대륙, 각 나라, 각각의 사회적 범주 특유의 문제점을 초월하는 열망과 좌절, 그리고 우려로부터 공통의 선이 그어졌다. 우리는 전세계적인 의식의 탄생과 표현을 마법에 홀린 것처럼 보았던 목격자들이었다.

민주주의는 어떠한가?

이 책을 읽는 대부분의 사람들은 민주주의 국가임을 자처하는 나라에 살고 있을 것이다. 그런 사람들은 민주주의에 대해 그다지 심각하게 생각지 않고, 그 말의 진정한 의미에 대해 스스로 의문을 제기하지 않은 채 살고 있다. 투표할 권리가 민주주의인가? 공포감에 사로잡히지 않고 이 책을 사볼 수 있는 가능성이 민주주의인가? 그렇다, 모두 맞다. 우리의 삶에서 민주주의가 갖는 중요성을 잊고 지낼 정도로 제2의 천성처럼 되어버린 그 밖의 다른 여러 가지들도 마찬가지이다. 하지만 전지구적 범위의 웹 세계를 여행하는 동안 우리가 알게 된 것은, 목소리를 높여 자신들의 견해를 밝힌 젊은이들에게, 민주주의가 어느 정도까지 이론적으로, 또 현실과 거리 있는 추상적인 것으로 남아 있는가 하는 점이다.

우선, 한번도 민주주의 속에서 살아본 적 없는 사람들이 자신들의 첫번째 자유로운 의사 표현을 통신에 올렸다. 당신은 그 어떤 정치적 발언권도, 그 어떤 야당 성향의 신문도, 회합의 장소도, 반대 의견을 표현할 수 있는 그 어떤 방법도 갖지 못했던 한 젊은이가 갑자기 자신의 견해를 밝힐 수 있는 장소를 발견한다는 것이 그에게 어떤 의미를 갖는지 상상할 수 있겠는가? 그에게 이런 발표의 장에 직접 참여한다는 것은 굉장한 용기를 필요로 하는 일이다.

세 개의 질문을 밀레나리엄 사이트에 올리면서 철저한 익명을 요구하는 두 통의 전자 우편을 보냈던 모로코의 한 젊은이가 자꾸 떠오른다. 미국이나 독일 출신의 사람에게는 이 이야기가 미소를 짓게 할 수도 있다. 하지만 실제 자신의 의사를 표현한다는 점에서 지구 전체의 4분의 3의 사람들은 미국이나 독일보다는 이 모로코 시민이 처해 있는 상황에 더 가깝다.

민주주의 국가에서조차도 투표할 수 있는 권리, 자유로운 의사 표현의 권리 등의 헌법상의 권리와 인구의 대부분이, 특히 빈민가 어린아이들이 마주치는 현실의 괴리는 사람에 따라 민주주의라는 낱말에 따옴표를 붙이기까지 할 정도이다. 따옴표 속에 집어넣은 민주주의와 실제 민주주의의 차이는 무엇인가? 가상과 실상의 차이와 같다. 민주주의 국가들이 진정 민주적이 아니라는 의미는 아니며, 그들 국가 지도자들의 위선을 비난하자는 의미도 아니다. 사실 "다른 모든 체제들을 예외로 한다면, 민주주의는 최악의 체제이다"라는 처칠의 유명한 정의는 여전히 유효하다. 소소한 몇몇 이유로 지도자들과 국민들 사이의 거리가 점점 벌어지고 있는 것과 마찬가지로 국민들, 특히 빈민층들은 자신들의 운명과 나아가서는 전세계적인 사건에 개입할 수 있다는 믿음을 버리고 있다. 이러한 생각이 집단적으로 표현되든, 폭력적으로 표현되든, 또는 숨겨진 좌절로 잠재되든, 자신들이 소외되었으며 아무도 자신들의 이야기에 귀기울이지 않는다고 생각하는 사람들이 많다.

클릭 한 번으로 이러한 상황을 해결할 수 있다고 말하려는 것은 아니다. 사람들은 밀레나리엄 사이트를 조롱했었다. 지나칠 정도로 쉬이 믿는다, 세상을 너무 모른다 등등. 하지만 이제 사람들은 통신에서 실황으로 진행되는 세계 민주주의에 대한 최초의 실험을 지켜본다.

잠시 동안, 첨단 기술을 이용한 도구에 대해, 인터넷과 웹에 대해 잊자. 그저 이들이 초래할 결과에 대해서만 생각하자. 젊은 사람들이 자신의 경험을 이야기할 수 있고, 의견을 표현할 수 있고, 다른 사람들에게 경청할 것을 소리높여 요구할 수 있고, 그 모든 것을 정치적 경계선에 상관없이 부패한 군부 독재자들과 지긋지긋한 관료들에게 말할 수 있다는 결과에 대해서만 생각하자. 그들은 제지당하지 않을 것이다. 비록 그것이 상황 자체를 저절로 변화시키지는 못한다 할지라도 최소한 첫발은 떼어놓은 셈이고, 다음으로 이어질 것이다.

질문들이 쏟아지고, 자원 봉사자들이 그 질문들을 분류했다. 그리고 컴퓨터가 없는 사람들이 보낸 우편물을 모아들였다. 질문 접촉 범위를 넓히는 작업을 도우면서, 우리는 여러 측면을 가진 세계가 어느 정도까지 하나가 될 수 있는지 실감했다.

우리는 엄청나게 다양한 질문들에, 그리고 질문을 보낸 사람들이 지닌 사회적·지리적 차이에 깊은 인상을 받았다. 국가적 특징들이 사람들에게 미친 독특한 영향도 인상적이었다. 일본인들은 국가 사업에서 드러난 획일성을 대하며 문화적 정체성 상실에 대한 우려를 나타내는 경우가 많았고, 미국인들은 이야기를 나누기 전에, 당신은 누구인가? 당신은 어디에서 사는가? 돈은 얼마나 많이 버는가? 등의 질문을 한다. 아프리카 지역 출신의 사람들은 여가 시간에 지적 사고를 하는 듯하다.

이와 대조적으로, 사람들이 관심을 가지고 있는 것들이 서로 많이 비슷하다는 사실은 무척 인상적이었다. 요즘 유행하는 말로 표현하면, 세계적 성격이 강했다. 어떤 유형의 정부가 인류에게 가장 유익할 것인가? 과학적 진보는 삶과 사물에 대한 우리의 지각을 어떻게 변화시킬 것인가? 우리들 모두 일자리를 얻을 수 있을 것인가? 여가 시간에는 무엇을 할 것인가? 높은 재정 부담은 부모들이 평생 걸려 쌓아올린 것을 파괴시킬 것인가? 동일한 주제들, 동일한 우려들, 심지어 동일한 낱말들에 자주 부딪쳤다.

전세계 젊은이들의 획일성을 맥도널드와 코카콜라, 소니와 도요타에서만 찾아볼 수 있는 것은 아니다. 늦은 밤 컴퓨터 화면에서도 그들이 공유하고 있는 두려움과 비슷한 꿈들을 발견할 수 있다.

분명, 우리는 소크라테스가 아니다. 바꾸어 말하면, 질문을 한다는 것은 전적으로 훌륭한 일이지만, 쌓여만 가는 물음표들이 우리의 눈을 아프게 하는 시점이 존재한다는 것이다. 우리에게는 대답이 필요했다.

그때가 바로 두번째 아이디어, 가상에서 현실로 회귀하자는 생각을 해낸 시점이다.

도대체 G7이란 무엇인가?

이 질문에 대해 미소를 짓는 사람은 다음 단락으로 건너뛰어도 무방하다. 그럼에도 우리 사이트에서 G7, 곧 이 지구상에서 가장 산업화된 국가들의 정상들에게 할 질문들을 고른다는 사실을 발표했을 때, 모든 사람이 다 미소를 지은 것은 아니다. 우리는 G7의 역사와 구성에 대해 설명하고, 목적과 아울러 우리의 선택 이유를 해명해야 했다.

왜 우리는 G7을 택했는가? 지구상에서 이 회원국들이 선인 반면, 다른 국가들(러시아·중국·인도·브라질)은 악이라는 등의 말도 안 되는 이유들은 무시하자.

첫째, G7 국가들을 택한 이유는 그들의 민주적 문화 때문이다. 그 것은 사람들이 그들에게 질문을 하는 것에, 때로는 상당히 강압적인 방식으로까지 질문하는 것에 익숙하다는 것을 의미한다. 이러한 국가들의 정치인들에게, 그들이 기자들에게 질문을 받는 방식에 대해 한 번 물어보라. 민주주의는 답변을 해야 할 의무가 있음을 의미하기도 한다.

둘째, G7이 부유하기 때문이다. 부유함은 다른 국가들보다 그들에게 더 큰 책임이 있다는 것을 의미한다. G7 국가들은, 민주화가 잘 이루어져 있으며, 가장 부유하지만 환경 오염이 가장 심하며, 대규모의 생산자이면서 가장 큰 소비자라는 것 등 여러 영역에서 수위를 차지한다. 또한 그들은 게임의 지배권을 쥔 사람들이다.

셋째, 젊은이들의 질문 대부분은 G7 국가의 지도자들에게 묻는 것이었다. 비록 G7이 비공식 단체이긴 하지만, 국제적인 단체이며, 어쩌면 유엔보다는 덜 알려져 있지만 그만큼 중요한 것이기 때문이리라.

젊은이들의 판단은 적중했다. 헝가리·체코 공화국·루마니아 사람들은 모두 유럽의 부유한 국가들, 영국이나 프랑스, 독일에 의지하고, 베트남과 미얀마 사람들은 흔히 일본에 의지한다. 또한 전세계 많은 사람들이 자기 나라의 지도자보다 미국의 대통령이 자신들의 삶에 더 많은 권한을 행사할 수 있다고 생각한다. 한편으론 이 견해가 지나친 것일 수도 있지만, 다른 한편으로는 사실이기도 하다. 이 세계 최강대국이, 아프리카의 농업·환경 문제·기반 시설의 건설에 관계된 것이든, 아시아의 인구 통계에 대한 것이든, 지구상의 모든 문제를 떠맡아야 한다고 기대하는 것이 어느 정도까지 정당한 것인지를 판단하는 일은 우리의 몫은 아니다. 하지만 어떻게 본능적으로, 때로는 분노와 함께, 흔히 희망과 존경심을 가지고, 서방 세계 전체와 특히 미국에 대하여 도움의 손길을 요구하고, 도움을 주지 않았다고 비난하고, 도움을 달라고 호소하게 되는가는 의미 심장하다.

몽상가들이면서도 어느 정도의 현실감이 있는 우리들은 질문을 어떤 방법으로 이들 국가의 지도자들에게 전달할 것인가를 자문하는 데 시간을 허비하지 않았다. 무턱대고 그 작업에 착수했다. 우연히, 1998년 웹과 멀티미디어를 통해 알게 된 사람이 자크 시라크 대통령의 인도 공식 방문에 우리를 초청했다.

프랑스 대통령과 계속 접촉할 수 있다는 사실은 어느 정도 우리의 생각에 공감하는 사람이 있다는 판단을 주었다. 우리의 생각에 마음이 끌린 총리실의 한 젊은 고문이 백악관의 고문에게 전자 우편을 보냈다. 대답이 날아왔다. 안 될 이유가 있느냐는 것이었다. 그렇게 해서 워싱턴 측과 전화 통화를 했고, 3주일 후 백악관에서 모임이 주선되었다. 출발하기 몇 분 전 프랑스 대통령궁에서 보낸, 망설이지 말고 일을 진행하라는 격려사를 접했다.

우리는 회의적인 사람들에게 이 일이 너무도 쉬웠다는 사실을 결코 납득시키지 못할 것이다. 사실, 그 정도로 쉬운 일은 아니었다. 그전에 엄청나게 어려운 작업과 에너지, 끈기 그리고 약간의 행운이 필요했다. 그럼에도 불구하고, 그렇게 어려운 일은 아니었다. 철학자 이사야 벌린은 그리스 시인의 말을 인용해, 여우는 여러 가지를 추구하는 반면 고슴도치는 그 어떤 것보다 우선하는 단 하나의 목표가 있다는 말을 한 적이 있다. 목표를 추구하는 우리에게는 여우의 호기심이 필요하기는 했지만, 고슴도치 같은 불굴의 정신과 하나의 목적에 대한 성실한 전념이 더 중요했다.

그러한 정신으로 G7 국가의 지도자들로부터 우리가 제시하는 물음들에 직접 답변을 해주겠다는 동의를 얻어냈다. 우리가 프랑스 사람이라는 사실 때문에, 또한 우리가 잘 알려진 연구소나 정당, 그리고 국제적인 방송망을 가진 방송사 소속이 아니라는 사실 때문에 어떤 문제가 있다고는 느낄 수 없었다. 어떤 문화적 차이도 초월해, 어디에서나 우리는 진정으로 경청하고, 진정으로 배려하는 사람들을 놀랍게도 만날 수 있었다.

아마 몇 가지 이유에서 비롯된 듯하다. 우리는 회의적인 외부 사람들의 견해를 참고했다. 물론 인터넷은 최근 들어 가장 유행하고 있는 것이며, 인터넷을 이야기하는 것은 정말 멋진 일이다. 하지만 인터넷이 그토록 대규모 사업의 기반이 되기에는 빈약하다는 것을 인정해야만 한다.

우리가 기획한 '밀레나리엄' 은 국제적인 측면에서 인터넷과 많은 연관이 있다. 밀레나리엄은 국경과 상이한 언어들, 상이한 문화까지도 초월해 접촉을 시도한다. 밀레나리엄은 전세계적인 기획이며, 초국가적이다. 밀레나리엄의 소명은 이 세계의 미래에 대해 전세계의 사람들이 함께 생각해보도록 만드는 데 있다. 이것은 왜 G7 국가의 지도자들이 이 기획에 그토록 관심을 보였는가의 이유이기도 하다. 이는 국가의 수장들, 정부의 수반들, 그들의 고문들이 실제로 자신들의 국민들이 믿는 것보다 훨씬 더 친밀하다는 것을 알려주는, 반가운 소식이기도 하다. 신문 · 라디오 · 텔레비전 같은 전통 매체들이 여전히 제 역할을 소화해내고 있지만, 사람들은 다른 형태의 표현 방식을 요구한다. 미래에 대해 기대하게 만드는 매혹적인 인터넷 상의 모험인 것이다. 하지만 무엇보다 중요한 것은 우리가 이용할 수 있는 어떤 것을, 그것도 미래에 대하여 이야기할 수 있는 어떤 것을 발견해냈다는 것이다.

두번째 이유는 우리에게 훨씬 더 강렬하다. 인터넷은 세계의 지도자들이 우리에게 문을 열어주도록 문을 두드리는 것만으로 제 역할을 다한 것은 아니다. 우리가 방법을 찾았다면, 그것은 우리가 누구이기 때문은 아니다. 우리가 누구를 대표하기 때문이다. 곧 수만 명의 젊은이들과 숱한 질문들, 전세계적인 기대감을 반영하기 때문이다.

몇 년 전만 하더라도, 이런 일들은 커다란 우편물 자루를 어떻게 분류할 것인가에 대한 걱정을 의미했다. 우리는 질문들을 선택한 후, 사회 · 과학 · 환경 · 경제 · 민주주의 · 평화 · 종교의 일곱 가지 주제로 분류했다. 엄청나게 많은 일을 해치워야 했다.

질문은 국가의 수반마다 일곱 개씩으로 제한했다. 7 곱하기 7. 마흔아홉 개의 질문이다. 영광스럽게도 이 질문들은 1998년 6월 20일 쾰른 정상 회담에서 지도자들에게 직접 전달되었다. 그들의 답변을 이 책에 실었다. G7 정상들은 각각의 주제에 대해 깊이 생각하고, 아주 조심스럽게 각각의 답변을 써냈다. 그들이 답변 준비에 엄청난 노력을 기울였다는 것은 보증할 수 있다. 우리는 이들 답변에 대해 논평을 덧붙일 입장이 아니다. 이 답변은 독자의 질문에 대한 것이기 때문에, 정보와 영감, 어떤 반항의 정신을 찾아보는 것은 독자의 몫이다.

대화를 계속 이끌어 나가야 한다. 이 의견 교환은 끝나지 않았다. 시작도 되지 않았다고 할 수 있다.

우리 모두가 스스로에게 묻고 있던 "새천년을 어떻게 보는가?"라는 취지의 질문을 각각의 지도자들에게 직접 해볼 수 있도록 단순함과 두려움을 가지고 그들과의 만남을 바란 것은 글로 남긴 여러 질문의 범위를 뛰어넘고자 하는 정신에 기반한 것이다. 우리는 결코 쉽지 않은 과제에 전념하기 위해 바쁜 일정 속에서 시간을 내주셨던 지도자들에게 특히 감사를 드린다.

'예언한다'는 말을 어떻게 정의할 것인가? 철학자나 영매가 처리해야 하는 분야의 일일 수도 있다. 그럼에도, 각 정부의 수반들이 날마다 수행해야 하는 관리로서의 의무 이면에서 우리의 미래를 어떤 모습으로 보고 있는지 추측해본다는 것은 흥미로운 일이다. 비록 우리 모두는 그것을 처리하느라고 힘든 시간을 보내야만 했지만, 세 번째 맞이하는 새로운 천년이 더 이상 공상 과학 소설의 소재에 머물 수만은 없다. 새로운 천년은 곧 시작된다. 그리고 전세계의 도시들, 지역들에서 미래라는 것은 정치 영역의 일부가 되었다.

마지막으로, 우리는 각국의 수반들에게 통신상으로, 1999년 12월부터 젊은이들이 답변할 수 있도록, 그들이 꼭 필요하다고 여기는 질문을 한 가지씩 해달라고 요청했다. 이렇듯 우리의 이야기는 책의 출간과 더불어 종결되는 것이 아니다. 인터넷에서 시작되어 책의 출간으로 이어지는 이 대화는 통신상에서 다시 시작될 것이며, 어쩌면 또 하나의 책으로 이어질 수도 있다.

우리는 웹이 짐승처럼 야만적인 자들이나 압제자들의 새로운 도구가 되고 있다는 말을 자주 접하며, 그렇게 될 위험성에 대한 경고를 익히 들어오고 있다. 그러한 위험이 존재하지 않는다고는 아무도 주장하지 않았다. 하지만 기술은 과학처럼 본질적으로 선하거나 악하지 않다고 믿는다. 우리에게 주어진 이 새로운 자유를 누리는 사용자인 우리에게 달려 있는 문제이다. 만약 우리가 단순히 소비자로서의 역할만을 하려 든다면 그 정도로밖에 취급되지 않을 것이다. 하지만 만약 시민으로서의 역할을 하고자 한다면, 새로운 권리들을 획득할 것이다. 기술은 민주주의가 필요로 하는 것을 충족시켜줄 수 있다. 인터넷이란 어쩌면 또 하나의 신기한 장치에 불과한 것일 수도 있지만, 그것이 뭐 어떻단 말인가?

왜 대화는 한쪽 방향으로만 진행돼야 하는가? 왜 우리는 꿈꾸기를 그만둬야 하는가? 이 게임이 현대적인 민주화 작업의 정상적인 한 부분으로 발전할 것이라고 상상하지 못할 이유가 어디 있는가? 이처럼 경계선들이 보다 융통성 있고, 체제들이 변화하고, 사람들은 어디에서나, 그들의 지도자들과 함께 이 아름다운 지구에서의 공유된 삶이라는 놀라운 게임에 익숙해지는 것을 상상하지 못할 이유가 어디 있는가?

하지만 우리는 여기 아직 답변이 이루어질 수 없는 질문들을 갖고 있다.

모든 것이 몇몇 질문들에서 비롯되었다는 것은 사실이다.

그러니 계속하지 못할 이유가 어디에 있는가?

미국

빌 클린턴 대통령
박범수 옮김

과학

의전은 당신의 시간을 보다 중요한 일에 쏟아부을 수 없도록 방해하고 있습니다. 이를 개선하기 위해 몸을 복제할 생각은 없으십니까? 인간에 대한 유전자 조작 분야의 연구에 제한을 가하는 것이 가능하다고, 또 필요하다고 생각하십니까?

절대로 몸을 복제할 생각은 없습니다. 그리고 다음 질문에 대한 답은 '그렇다'입니다. 저는 기술이 윤리적인 측면을 앞지르는 것을 막는 데 권한을 사용하는 것이 가능하며 반드시 필요하다고 생각합니다.

새천년을 맞이하면서 가장 큰 난제들 가운데 하나는 과학과 기술의 새로운 발전에 의해 제기되는 윤리적인 문제들에 대해 답변하는 것입니다. 과학은 전세계의 진보에 견인차 역할을 자주 해왔으며, 정보 기술에서 생명공학에 이르는 지난 세기의 발전은 삶의 질을 향상시켰습니다. 우리는 이러한 진보를 축하할 수 있는 한편으로, 결과에 대하여 주의를 기울여야 합니다.

과학의 진보는 도덕적 공백 상태에서는 일어나지 않습니다. 인간의 창조를 복제해내는 그 어떤 발견이든, 그것은 과학적 탐구 이상의 문제로서 도덕성과 정신의 문제이기도 합니다. 저는 복제 기술이 가져다 줄 수 있는 영향에 대하여 우리 사회가 깊은 경계심과 주의, 관심을 가질 수 있도록 많은 노력을 기울여왔습니다. 미국 행정부는 인간 복제 연구에 연방 기금을 사용하지 못하도록 금지하는 한편, 그 위험과 책임에 대한 연구를 하고 있습니다. 그리고 저는 도덕적·의학적으로 인정할 수 있는 방식으로 복제 기술을 적용할 수 있도록 우리의 능력을 키우기 위해 적어도 앞으로 5년 동안 인간 복제를 금해줄 것을 미 의회에 요청했습니다.

1998년 과학계의 한 학자가 인간 복제를 계획하고 있다는 사실이 알려졌을 때, 저는 강도 높게 비난했습니다. 과학 및 의학계에서도 복제 기술을 인간 복제에 사용하는 것은 검증되지 않았고, 안전하지도 못하며, 도덕적으로도 용인할 수 없다는, 사실상 만장일치나 다름없는 여론이 형성되었고 지금도 그렇습니다.

개인적인 견해지만, 가장 심원한 진리는 과학의 영역 밖에 있다고 생각합니다. 최근 동물 복제에서 얻은 행복감과 우리에게 가장 소중한 인간성과 믿음 사이에서 냉정하게 균형을 유지해야 합니다. 저는 개개인들의 생명이란 특별한 것이며, 실험실에서 연구되는 과학의 범위를 초월하는 기적에서 탄생한 것이라고 믿습니다. 이렇듯 의미심장한 선물을 존중해야 하며, 따라서 우리들 스스로를 복제하려는 유혹에 저항해야만 한다고 믿습니다.

 환경

마실 물이 점점 줄어들고, 값이 비싸지며, 오염돼가고 있습니다. 전세계의 인구가 이 귀중한 자원의 혜택을 계속 누리기 위해선 어떤 조처를 취할 수 있겠습니까?

깨끗한 물은 지구의 가장 귀중한 천연 자원입니다. 지구는 호수, 강, 개울, 대수층(지하수를 간직한 다공질 삼투성 지층), 그리고 대양이라는 축복을 받았으며, 이들로 정의될 수 있습니다. 물은 이 지구상에 존재하는 모든 생물들의 생명 부양계에서 가장 중요합니다.

세계 인구가 증가하면서 깨끗한 물의 수요는 늘어날 것입니다. 이 점이 미국이 전세계적으로 대양을 보호하고, 오염된 수로를 정화하며, 해분(해심 3,000~6,000m의 바닥에 분포되어 있는 분지 모양의 지형) 관리를 장려하는 이유입니다. 물은 국경선들을 지나 흐르기 때문에, 각국은 물을 깨끗하게 유지하기 위해, 그리고 마실 물의 새로운 근원을 개발하는 데 협력해야만 합니다.

미국 내에는 수로 정화에 엄청난 진전이 있었습니다. 30년 전, 몇몇 도시 근처의 강들은 오염이 심해 불을 켜대면 불이 붙을 정도였습니다. 미국의 수도 워싱턴의 생명선인 포토맥 강은 너무 오염되어, 조지타운 대학교 조정 선수들은 단지 강에 나가 물에 떠 있기만 하는데도 장티푸스 예방 주사를 맞아야 할 정도였죠. 하지만 한 세대가 지나는 동안, 주로 공장들과 하수 처리 시설에서 나오는 오염 물질을 규제해 강을 살렸습니다.

이제 남겨진 큰 과제는 농장이나 도시의 거리들, 그리고 여기저기 흩어져 있는 다른 오염원들로부터 빗물에 씻겨 나오는 오염 물질을 줄이는 일입니다. 우리는 전국의 모든 물을 낚시나 수영을 하기에 충분할 만큼 깨끗하게 만드는 작업에 착수했습니다. 또한 전국의 각 가정에서 수돗물이 안전하다는 것을 당연한 것으로 받아들일 수 있도록 납득시키는 데 애썼습니다. 수천에 달하는 지역 사회의 수돗물 처리 시설을 개량하는 데 도움을 주기도 했습니다. 제조업체들에게 그들이 어떤 화학 물질을 배출하는지 일반인들에게 공개하도록 요구했고, 수돗물 공급 시설들에 대해서는 고객들에게 그들이 마시는 물의 품질을 정기적으로 고지하도록 요구했습니다.

전세계 모든 어린이들이 안심하고 마실 수 있는 물, 그리고 수영하기에 알맞고 물고기가 풍부한 강과 함께 자라나야만 합니다. 그렇지만 21세기의 모든 어린이들에게 깨끗한 물이라는 선물을 주기 위해서는 새로운 노력으로, 새로운 오염의 도전에 맞서 싸워야만 합니다.

 사회

도시 폭력의 확산은 흡사 새로운 형태의 내전과도 같습니다. 이러한 추세를 반전시키기 위해 어떤 구체적인 조처를 제안하시겠습니까?

전세계의 모든 지역 사회에서, 폭력적인 범죄는 문명화된 삶의 구조를 갈기갈기 찢어놓고 있습니다. 폭력단의 두목들, 소외된 학생들, 국제적인 테러리스트들, 무장한 민병들, 폭력배들 또는 자신의 배우자를 학대하는 다른 한쪽의 배우자들까지 어느 누구에 의해 저질러지는 것이든 말입니다. 유행병과 같은 이런 현상에 종지부를 찍기 위하여 모든 사회가 힘을 합쳐야 합니다. 예를 들면, 치명적인 소형 화기의 국제 비밀 거래를 저지하는 등의 일에 함께 노력을 기울여야 합니다. 매들린 올브라이트 국무 장관도 이렇게 말했죠.

"대량의 무기가 규제도 받지 않고 불법적으로 판매되는 것은⋯⋯흉포한 민병들, 범죄를 일삼는 조직들, 그리고 암살단들에게 그 바닥을 알 수 없는 무기 창고를 만들어주는 것입니다."

미국 내에서는 폭력적인 범죄 발생률이 25년 만에 낮은 수치로 떨어졌습니다. 시민들과 의회 의원들 그리고 경찰의 합동 노력이 폭력에 대항할 수 있음을 입증해주는 것이죠. 고어 부통령과 저는 예방책을 강화했고, 처벌을 심화시켰으며, 전국 각 지역에 수천 명의 지역 경찰 병력을 증원했습니다. 이러한 범죄 방지 전략은 여러 지역 사회에 본보기가 되었습니다.

미국의 총기 규제법은 냉철하게 재고해보아야 합니다. 미국에서는 법을 준수하는 시민이면 총기를 소지하고, 사용할 수가 있습니다. 우리에게는 대규모의 사냥 문화가 있습니다. 그 속에서 자라났고, 직접 해보기도 했으며, 아주 좋아하기도 했습니다. 하지만 그 문화가 총기 규제법은 위험할 정도로 평형을 잃고 있음을 확신시켜주는, 학교나 다른 공공 장소에서의 이성을 잃은 총질을 조장하지 않도록 해야 합니다.

우선 법률상 총기를 구입할 경우 대기 기간이 있어야 하고, 폭력적인 청소년들은 영구적으로 총기를 구입하지 못하도록 금하며, 총기 전시회에서 신원 조사를 받지 않고도 총기를 구입할 수 있는 법률 조항은 철폐되어야만 합니다. 그리고 외국산 고성능 연발탄창을 총기 거래 상인들이 판매하도록 해주는 법망의 허점을 폐지함으로써 공격 무기 금지 조항의 규제를 강화해야 합니다. 법적 총기 소지 연령을 18세에서 21세로 높여야 하며, 총기를 부주의하게 방치해 젊은이들이 범죄를 저지르도록 만든 성인들은 구속하고, 모든 신형 총기는 어린이가 조작할 수 없도록 안전 잠금 장치와 함께 판매해야만 합니다. 경찰에 압수된 모든 총을 추적해 총기 상인들이 판매하고 있는 총들뿐만 아니라 중고 총들에 대한 정보까지도 제출하도록 요구하고, 적발된 총기 밀매업자들에 대한 처벌을 강화해 불법 무기 비밀 거래를 보다 강력하게 단속해야만 합니다.

간단히 말하면, 최근에 있었던 총기 난사로 인한 온 국민의 충격을 구체적이고, 실제적이며, 상식적인 조처로 바꿔놓으려 애쓰고 있습니다.

 평화

분쟁이 발생했을 때, 어느것이 가장 효과적인 무기입니까? 원자 폭탄인가요, 아니면 언론 매체인가요? '통신 전쟁'의 유리한 점과 위험한 점은 각각 무엇입니까?

통신 기술의 힘을 과소 평가하면서 세계에 대한 이해를 구체적으로 전개한다는 것은 어려운 일입니다. 팩시밀리, 이동 전화, 특히 컴퓨터는 업무 처리 방식, 그리고 국가·단체·개인 등 모든 타인들과 관련맺는 방식을 근본적으로 바꿔놓았습니다. 예를 들어볼까요. 30년 전, 유럽과 미국 사이의 전화선은 동시에 80통화를 처리할 수 있었지만, 오늘날의 전화선은 동시에 100만 통화를 처리할 수 있습니다. 또 오늘날에는, 날마다 14억 통의 전자 우편이 국가간의 경계선들을 넘나들고 있습니다.

확신하건대, 이러한 결과는 깊이와 폭 모두에서 정치적인 진보와 경제적인 번영의 기회로 이어집니다. 전세계적으로 수십 억 명에 이르는 사람들을 중산 계급으로 부양시킬 수 있는 것입니다. 그리고 기술은 우리들 사이의 거리를 좁혀놓으면서 민주주의와 인권, 법치 제도가 미치는 범위를 확장시킵니다. 그 까닭은 비록 아직 현실화된 것은 아니라 할지라도 진보라는 것이, 가능하다는 것을 모든 사람들이 알게 되기 때문입니다.

정보 혁명은 최근 있었던 코소보 사태에서 선보였는데, 단지 군사적 기술이라는 측면만이 아니라 분쟁의 내막을 폭로하는 정보의 근원으로서도 그 역할을 소화해냈습니다. 우리는 언론 매체나 코소보인들과의 끊임없는 정보 교환을 통해 세르비아군의 인종 청소 행위에 대해 즉각 알 수 있었습니다. 그렇게 알려진 사실은 나토군이 활기를 띠고 끝까지 버텨내는 데 도움을 주었습니다. 우리가 어떻게 대응하는지도 전세계로 알려졌습니다. 사람들은 매일, 그리고 매시간의 전투 상황에 대해 알 수 있었습니다. 우리측 공군의 공습 장면을 담을 필름이 조종사들이 기지로 귀환하기도 전에 전세계의 텔레비전 전파를 타고 있는 경우가 흔했습니다.

코소보 민간인들을 상대로 한 세르비아측의 잔인한 전투 행위를 추적하는 것은 보다 어려웠습니다. 하지만 이것은 나치의 잔학한 행위에 대한 소식이 뒤늦게 단편적으로 전해졌던 제2차 세계 대전과는 분명 다른 양상을 보였습니다. 코소보에서는 끔찍한 전쟁이라는 범죄의 희생자들이 그 범죄가 저질러진 지 수시간 이내에 전세계에 증언해줄 수가 있었습니다. 이런 상황하에서, 우리는 새로운 정보를 포기할 수가 없었습니다. 행동으로 옮기지는 못할지라도.

물론 정보 시대에도 언론 매체를 오용하여 사람들이 진실을 알지 못하도록 소외시킬 수 있습니다. 인종 청소가 일어난 이유 가운데 하나는 밀로셰비치 대통령이 인종간 증오심을 확산시키면서 폭력

행위를 선동하고, 세르비아인들이 저지른 일들을 은폐하기 위해 정부 통제하에 있는 언론 매체들을 조종했기 때문입니다. 이러한 점 때문에 우리는 객관적인 보도를 위해 목숨을 걸었던 구 유고슬라비아의 용기 있는 독립 취재 기자들을 지지합니다. 그리고 인터넷을 포함하는 정보 기술은 독립 언론 매체들에게 정부의 검열에도 불구하고 뉴스를 입수할 수 있는 새로운 방법을 제공해주었습니다.

통신 혁명은 끝나지 않았습니다. 우리의 과제는, 우리가 나누는 담론의 품질이 통신 혁명을 일으킨 인상적인 능력에 부끄럽지 않도록 해야 한다는 것입니다.

 경제

언제쯤이면 남반구에 위치한 국가가 G8의 회원국이 될 수 있겠습니까?

G8은 선도적인 산업 민주 국가들의 비공식 단체입니다. 이 회담에서 각국 지도자들은 정치·경제 전반에 걸친 문제에 대해 광범위한 논의를 펼칩니다. 현재로서는 이 회담을 확대할 계획이 없지만, 세계 경제력에 중대한 요소인 강력한 민주적 제도 및 경제력을 갖춘 다른 국가들을 포함시킬 수 있는 가능성은 열려 있습니다.

어쩌면 G8을 확장하는 것보다 더 중요한 것은 전세계의 경제가 도전해볼 만한 일을 처리하기 위한 공개 토론을 창설하고 강화하는 일입니다. 1998년 4월 우리는 G22 회의를 처음으로 조직했습니다. 여기에는 G8은 물론 아르헨티나·오스트레일리아·브라질·중국·

홍콩 · 인도 · 인도네시아 · 한국 · 말레이시아 · 멕시코 · 폴란드 · 싱가포르 · 남아프리카 공화국 · 태국 등 세계적으로 중요한 신흥 경제 국가들이 다수 포함됐습니다.

지난해부터 저는 다른 지도자들과 함께, 전세계의 경제를 보다 유연하게 하고 사회의 가장 취약한 구성원들에게 더 큰 보호 혜택을 제공할 수 있도록 공동의 노력을 기울여왔습니다. 처음부터 이 과정에 넓은 범위의 공업국들과 G22 회원국들, 그리고 다른 몇몇 국가들을 포함시켜야 한다고 역설해왔습니다. 1999년 3월과 4월, 33개국의 정부와 중앙 은행들을 대표하는 다양한 구성원들로 이루어진 이 단체는 생각의 전환과 의안 제출을 위한 세미나를 개최했습니다.

쾰른에서 있었던 1999년의 G8 회담에서는 이 방향에 부합하는 두 개의 중요한 조처가 발표되었습니다. 우리는 새로 창설된 재정 안정을 위한 공개 토론에, 전세계의 경제가 재정 압박으로 인해 붕괴하지 않도록, 홍콩 · 싱가포르 · 오스트레일리아 · 네덜란드 등의 신입 회원국들을 포함시켰습니다. 그리고 G8 국가들의 재무 장관들은 선도적인 경제 대국들 사이의 대화를 위한 비공식적 메커니즘을 확립하기로 했습니다.

 민주주의

훗날 진보된 외계 문명과의 교신이 이루어진다면, 그들의 정치 제도가 민주적이리라고 생각하십니까?

한 걸음 물러나 저는 어떤 권리들은 보편적이라는 점을 이야기하고 싶습니다. 토머스 제퍼슨이 137년 전, 마지막 편지에서 "모든 눈은, 인간의 권리를 향해 떠 있거나, 뜨이고 있는 중입니다"라고 말했던 것처럼 말입니다. 대통령으로서 세계 각지를 여행하면서 깨달은 진리가 있습니다. 어디에서든 사람들은 존엄성 있는 대우를, 그들의 의견을 표명할 것을, 자신들의 지도자를 직접 뽑을 것을, 그들이 원하는 사람과 교제하기를, 자신들이 원하는 방식과 때와 장소에서 종교 생활을 할 수 있기를 열망한다는 것입니다. 물론, 이 점들은 민주주의와 시민 사회의 주춧돌입니다.

이 세계의 모든 사회들은 진보해왔으며, 점점 많은 국가들이 정부 형태로 민주주의를 채택해왔습니다. 20세기 말, 기술의 변화가 자유라는 신탁을 전파시키면서 동유럽·동아시아·라틴 아메리카·아프리카 지역의 많은 국가들이 민주 정부를 취하거나 개선시켜왔습니다. 이제 지구상에 사는 인구의 절반 이상이 민주적으로 선출된 지도자들이 다스리는 자유주의 국가에서 살고 있습니다.

만약 외계 문명이란 것이 존재한다 하더라도, 우리는 이 우주의 다른 곳에 존재하는 문명이 어떠한 것인지 알 수 없습니다. 우리들의 경험만 있을 뿐이죠. 사회가 기술적으로 진보하면서, 민주주의를 향하여 이행하게 되는 경향을 드러내주는 경험 말입니다. 또한 자유·정의·평등이라는 민주주의적 원칙에 충실한 것이 인간의 진보에 필수적인 것이라고 확신합니다. 시민들에게 생각하고, 질문하고, 창조할 수 있는 자유를 허락하지 않는 국가들은 정보 시대에 그러한 자유가 개방된 사회와의 경쟁에서 손해를 보게 될 것입니다. 이 새로운 시대에 한 국가의 진정한 부는 국가의 면적, 천연 자원의 풍부함, 군대의 규모에 있는 것이 아니라 인적 자원이 얼마나 자유를 누리고 있는가에 있습니다. 민주주의는 그러한 자유에 대한 최선의 수호자입니다.

민주주의는 선언하는 것만으로는 충분치 않기 때문에 우리는 민주주의를 지켜내고, 민주주의가 모든 시민에게 실제로 적용되도록 만들어야만 합니다. 다른 말로 표현하면, 민주주의가 지속되려면 모든 사람을 구원해주는 것이 되어야만 합니다. 규칙을 따르는 사람들은 그에 대한 보상을 받을 수 있어야 합니다. 이는, 모든 시민이 발언권 있는 진정한 시민 사회를 창조해낸다는 것이 선거 이상이라는 것을 의미합니다. 정부가 투명하며 시민에게 봉사하는 존재가 되고, 세계화의 혜택이 널리 보급되는 반면 그 부담은 공유되어야 합니다. 그리고 나서야 사람들은 국가에 자신들이 속해 있다는 것과 국가의 미래를 구체화하는 데 자신들의 이해 관계가 달려 있다는 것을 믿게 될 것입니다. 이것이 21세기 민주주의가 안고 있는 최대의 과제입니다.

 종교

어떤 성직자는, "기도가 세상을 하나로 만든다"고 했습니다. 이 말을 어떻게 생각하십니까?

새천년으로 다가가면서, 지난 세기 동안 이 세계가 얼마나 많이 변화했는가를 다시금 생각해봅니다. 우리는 정치적 변화, 기술적 진보, 경제 발전과 함께 지속적으로 변화하는 세계 공동체의 한 부분입니다. 테러리즘, 대량 살상 무기, 환경 파괴, 지속되는 빈곤과 기아, 계속되는 폭력 분쟁 등에서 비롯되는 옛 것과 새것의 위험 또한 존재합니다. 하지만 우리가 변화에 적응하고, 공통 과제들을 처리하면서, 의지할 수 있는 불변의 것이 있습니다. 그것이 바로 시간을 초월하며, 지리적 국경 또는 인종적 경계선, 민족성 또는 언어 문화 차이에 개의치 않는 종교입니다.

종교와 종교 단체들은 믿음과 극기, 공동 사회와 책임감이 생겨나도록 만들어왔습니다. 우리는 힘의 근원으로서, 희망하는 일에 대한 보장으로서, 보이지 않는 것들에 대한 확신으로서 믿음을 필요로 합니다. 종교는 내면 가장 깊은 곳에 숨어 있는 열정을 불러일으키며, 가치를 구체화시킵니다. 우리가 살아가는 방식에 지표가 되도록 도움을 주는 불멸의 보편적 토대가 되기도 합니다. 냉소적인 지도자들에 의해 왜곡되고 변질된 종교가 세계 여러 곳에 끊임없는 분쟁을 야기하고 있다는 것은 슬픈 일입니다. 하지만 저는 그리스도교 · 유대교 · 회교 그리고 다른 종교들의 헌신적인 믿음은 끊임없는 분쟁을 처리할 수 있도록 해줄 것이며, 인종 청소와 같은 악에 맞서 영속하는 평화를 이루어줄 것이라 믿습니다.

 새천년에 대한 비전

새천년에 대해 갖는 미래상은 어떤 것입니까?

미국이 20세기의 문턱에 서 있던 100년 전, 가장 멀리까지 앞일을 내다볼 수 있었던 사람조차도 미국이 오늘날 이뤄낼 진보가 어떨지 상상하지 못했습니다. 인간이 땅과 하늘 사이를 날아다닐 것이라고 예언했던 공상 과학 소설 작가들의 말은 정확했습니다. 하지만 1999년, 우주 왕복선의 선장이 여성이 될 것이라고는 그 누구도 상상하지 못했습니다. 많은 사람들이 미성년 노동을 종식하고, 저임금에 노동을 착취하는 일터가 영원히 문을 닫기를 바랐습니다. 하지만 그 누구도 우리가 대학과 대학교의 문을 온갖 배경과 온갖 인종이 섞인 노동 계급의 아이들에게 개방할 것이라고는 상상하지 못했습니다. 기술의 변화가 인간 정신의 진보보다 훨씬 예측하기 쉬웠던 것입니다.

새천년을 맞이하면서 우리가 축하할 수 있는 모든 경이로운 사건들에 대해 숙고해본다는 것은 멋진 일입니다. 물론 이 지구의 미래 주민들은 과학과 기술이라는 진정한 기적을 마음껏 누릴 것입니다. 아마도 그들은 우리의 삶을 연장시키고, 정신을 확장시키며, 태양의 인력이 미치는 범위 밖에 존재하는 행성들로 우리를 날라다 줄 뛰어난 발명들에 대하여 놀라게 될 것입니다. 저는 그들이 자신들의 아이들이 캔서(cancer, 암)라는 말을 단지 별자리 이름(Cancer, 12궁도에서의 큰게자리)으로만 알게 되는 것에 감사할 것입니다.

저는 그들이 연구소뿐만 아니라, 일반 시민의 소망과 용기에 나타날 기적에 대해서도 축하할 것이라고 믿습니다. 그들이, 마침내 책

뿐만 아니라 국가 정신에서도 차별을 없애버린 시민들에 대해 찬사를 바치도록 기도합니다. 또한 그들이 모든 이들 하나하나가 가정을 꾸리고, 질 높은 의료 혜택을 받으며, 평생 동안 열심히 일하고 난 후에는 품위 있는 은퇴 생활을 할 수 있도록 주선한 시민들에 대해서도 영광을 바칠 수 있기를 기도합니다.

어쩌면 뜻하지 않은 곤란과 위기가 존재할 것입니다. 하지만 우리들은 자유롭고, 교육 받은 사람들이 기술로 연결되고, 공개 시장 원리에 의해 활기를 띠는 이 세계를 더 나은 것으로 변화시킬 수 있다고 늘 믿어왔습니다. 오늘날에는 더 강하게 믿습니다.

벤저민 프랭클린은 이런 글을 남겼습니다.

"지식의 진보는 빨라질 것이며, 그것들로 인한 발견에 대해 현재 우리는 짐작조차 하지 못한다. 나는 너무 일찍 태어난 것을 후회하기도 했다. 향후 여러 해가 지난 후에 알게 될 것들을 체험하는 행복감을 맛볼 수 없기 때문이다."

저는 영화나 책, 텔레비전에서 보여주는 미래 세계에서 깊은 인상을 받습니다. 그 세계는 때로 공포감을 주는 장소로, 과학은 미쳐 날뛰고 공동체와 정부는 약화되어버린, 삶이란 것이 다시 한 번 '고역스럽고, 야만스러우며, 순식간에 끝나버리는' 장소로 그려집니다.

다른 미래를 상상하는 것은 우리 모두, 특히 우리들 가운데 행복과 지식 추구에 헌신하고 있는 사람들에게 달려 있습니다. 우리는 가능한 미래를 상상해야만 합니다. 우리는 미래를 볼 수는 없지만, 미래를 발명해낼 수는 있습니다. 여러분은 미래를 발명해내게 될 것입니다.

영국

토니 블레어 수상
박범수 옮김

영국

평화

유엔 헌장은, 개별적인 국가의 주권을 그 무엇보다 우위에 놓음으로써, 국제적인 간섭주의 정책과 양립할 수 없는 것처럼 보입니다. 하지만 대조적으로, 세계인권선언에서는 간섭을 불가피한 것으로 받아들이고 있는 듯합니다. 이러한 모순을 어떻게 해결해야 하겠습니까?

우리가 직면하고 있는 외교 정책상의 여러 가지 문제점들 가운데 하나인 타국의 국내 분쟁에 대한 개입 여부를 묻는 질문이군요. 최근 일어난 코소보 사태와 동티모르 사태로 인해 예리하게 초점이 맞춰지고 있었던 문제이기도 하죠.

코소보에서 나토가 벌인 작전은 영토를 차지하려는 그 어떤 야망 때문이 아니라, 인본주의적 가치에 그 기반을 둔 것이었습니다. 우리가 코소보에서 목격한 것은, 유럽에서 다시 보게 되리라고는 상상하지 못했던 인종 청소, 집단 강간과 살육 같은 것들이었습니다. 저는 그곳에서는 군사 작전 외의 다른 대안이 존재하지 않았다고 믿고 있습니다. 인종 청소와 같은 악행이 설자리가 있도록 방치할 수는 없었습니다.

여러 해 전이었다면, 우리는 코소보에서 싸우지 않았을 것이고, 동티모르에 군대를 파견하지도 않았을 것입니다. 그저 그들에게서 등을 돌렸을 것입니다. 우리가 개입했다는 사실은 냉전의 종식, 변화하는 기술, 민주주의의 확산 등 여러 가지 변화들이 가져온 결과입니다. 아니 그 이상입니다. 저는 이 세계가 보다 근본적인 방식으로 변해왔다고 믿습니다. 세계화는 여러 민족 국가들의 경제와 역할을 변화시켜왔습니다.

새천년을 맞이하기 직전인 현재, 우리는 새롭고 보다 상호 의존적인 세계에 살고 있습니다. 고립주의가 더 이상 선택 사항이 될 수 없으며, 국가의 주권이라는 개념이 대규모의 인권 침해를 호도하기 위한 방편으로 이용될 수 없는 세계에 살고 있는 것입니다. 만약 우리가 신봉하는 가치가 보편적이라면, 다른 국가에서 일어나는 분쟁이나 인권 침해 사태에도 등을 돌릴 수가 없습니다.

하지만 언제 개입할 것이며, 개입 여부를 어떻게 결정해야 하는가?

내정 불간섭은 오랫동안 국제 질서의 중요한 원칙이었습니다. 그것은 폐기할 수 없는 원칙입니다. 한 국가가 다른 국가의 정치 제도를 변화시키거나, 국가의 전복을 선동하거나, 한 조각이라도 타국의 영토를 점령한다는 등의 권리는 없습니다. 하지만 내정 불간섭의 원칙은 몇몇 중요한 점에서 제한 조항을 두어야만 합니다. 인종 말살과 같은 행위는 결코 한 국가의 국내 문제일 수만은 없습니다.

코피 아난 유엔 사무 총장이 헤이그에서 열렸던 제1차 국제 평화회담 100주년 기념식에서 했던 연설입니다.

"만약 유엔 안전보장이사회가 코소보에서의 대규모 인권 침해 사태와 인간성에 반해 저질러지는 범죄에 대응할 목적으로 단결한다면, 우리는 유엔을 창시하도록 고무시켰던 숭고한 목표를 저버릴 용의가 있습니다. 이는 다음 세기에 안전보장이사회와 유엔이 안고 있는 핵심 과제입니다. 어떤 민족 전체에 대해 벌어지는 대규모의 조직적인 인권 침해 사태는 허락하지 않겠다는 원칙을 지지하여 단결하는 것입니다."

저는 영국이 그 단결을 이루어내려는 노력에서 맡은 역할을 해내야만 한다고 결정했습니다.

 환경

자연사 박물관에 들어가면 멸종한 종들의 표본을 많이 볼 수 있습니다. 현재 우리가 환경을 파괴하고 있는 이 속도라면, 세계에 서식하고 있는 대부분의 종들이 절멸할 것이라고 생각하십니까?

지구상에 서식하는 다양한 생명체들은 우리 모두에게 중요합니다. 우리가 물려받은 그 다양성을 보호하여 후세대에 물려주지 못하고, 또 다른 종들을 멸종시킨다는 것은 잘못된 일입니다. 우리는 세계의 동식물들을 파괴하는 대신 보호해야만 합니다.

화석의 기록은, 평균적으로 100년마다 한 종류의 새들이 멸종되었음을 알려줍니다. 하지만 1800년 이후로 거의 80여 종이 사라졌고, 앞으로 100년 동안 1,200여 종이 추가로 멸종할 위기에 처해 있습니다. 오늘날의 멸종 속도가 '평균치'보다 약 40배나 더 빠른 셈입니다. 과거 400년 동안 654종의 식물과 535종의 동물이 멸종되어 온 것으로 밝혀졌습니다. 하지만 이것은 단지 빙산의 일각일 뿐이라고 주장하는 과학자들이 많습니다. 과학자들은 1980년부터 2030년까지 10년마다 모든 종의 10퍼센트씩이 지구에서 사라질 것이라 예측하고 있습니다.

점차 빨라지는 이 멸종 속도에 우리는 어떤 원인을 제공했을까요?

인간은 겨우 5만 년 동안 지구상에 존재해왔습니다. 그 기간 동안 늘어나는 인구와 식량을 비롯한 다른 생산물에 대한 증가하는 수요를 통해 동식물의 분포뿐 아니라 전체 생태계를 급격하게 변화시키면서 다른 형태의 생명체를 지배해온 셈입니다. 파괴적인 충격을 통하여, 우리는 이제 세계의 '생물 다양성'이라는 상태에 영향을 끼치는 주 요인으로 자리잡게 되었습니다.

인간은 여러 가지 방식으로 생태계를 변화시킵니다. 가장 중요한 원인으로는 서식지의 파괴, 농업과 토지 이용 관행의 변화, 오염, 그리고 외래 동식물 종의 유입 등을 들 수 있습니다. 이 모든 것이 멸종 원인이 될 수도 있습니다.

우리는 이 문제점들에 대하여 어떤 조처를 취하고 있습니까?

영국은, 다른 150여 나라와 더불어 1992년 '생물 다양성 협약'을 위해 브라질의 리우에서 열린 유엔 환경개발회의UNCED에서 서명했습니다. 그토록 많은 국가들이 함께 모여 지구 환경 보호를 지지하는 서약을 한 것은 처음 있는 일이었습니다. 이 협약은 생물의 다양성을 보전하고, 생물의 다양성을 파괴하지 않은 상태로 유지시키면서 이용하는 것을 보장하며, 유전적 자원의 이용으로부터 생겨나는 혜택을 공평하게 분배하는 데 목표를 두고 있습니다. 영국을 포함한 다른 가맹국들은 생물 다양성의 보전은 인류의 공동 관심사라는 점에 동의했습니다.

영국 내에서는 이 협약 사항을 이행하기 위하여, 생물 다양성 보전을 위한 실천 계획을 체계적으로 세워왔습니다. 현재 종들의 멸종을 막기 위한 보전 전략을 세우는 중입니다. 1999년 봄까지, 청색큰

나비처럼 멸종 위기에 처해 있는 몇몇 종들을 포함하여, 우선 대상이 되는 350종을 보호하기 위한 실천 계획을 세운 상태입니다. 새천년이 시작되기 전에, 추가로 41종의 우선 대상에 대한 보전 전략도 발표할 예정입니다.

복리 문제는 환경과 불가분의 관계에 놓여 있습니다. 환경을 파괴하지 않고 유지시키면서 개발한다는 우리의 새로운 전략인 '더 나은 삶의 질'은 모두의 이익을 위하여 환경·경제·사회적 목표들을 결합시키는 통합 정책에 초점을 맞춘 것입니다. 우리 사업의 진척 정도를 평가하기 위하여, 전통적인 것(국내 총생산, 고용과 같은)과 혁신적인 것(새들의 수를 헤아리는 것과 같은) 양쪽 모두의 지표를 이용하고 있습니다. 생물 다양성 유지는 우리에게 매우 중요한 일입니다. 결국 목표는 '먹이그물 보전'입니다.

우리는 영국 내에서뿐 아니라 개발 도상국들의 생물 다양성 보전을 위한 노력에도 지원하고 있습니다. 생물학적으로 가장 풍부한 종이 서식하는 세계의 몇몇 지역은 극빈 지역입니다. 생물 다양성은 이들 가난한 사람들에게 혜택을 주며, 이러한 다양성을 상실할 때 심각한 해악이 될 수 있습니다. 빈곤이 아직까지 자원의 고갈을 막을 수 있었습니다.

빈곤 퇴치가 목표인 영국의 국제개발국은 1992년 이래 40여 국가의 생물 다양성을 보전하기 위해 150개의 사업에 1억 7,000만 파운드를 지출해왔습니다. 또한 생물 다양성 협약과 같은 전세계적인 환경 협약을 지원하기 위해 지구환경기금GEF에 자금(이제까지 2억 2,500만 파운드)을 보내고 있습니다.

우리들 가운데 그 누구도 야생 동물이 멸종되는 것을 원치 않습니다. 환경 속에서 자신의 역할을 이해하고, 의무를 지켜야만 합니다. 우리들 모두는 각자 맡은 역할이 있습니다. 만약 그렇게 하지 못한다면, 미래 세대들을 저버리는 것입니다.

 민주주의

인터넷을 세계의 시민 의식을 향상시키기 위한 배움의 도구로 만드는 데 대해 어떤 제안을 하시겠습니까?

영국인들은 이미 인구의 절반이 가정에서 컴퓨터를 이용해왔습니다. 17세 이하의 젊은이들 중 300만 명 이상이 주기적으로 인터넷을 이용합니다. 상당히 높은 비율입니다. 인터넷을 이용하는 젊은이들의 수는 최근 12퍼센티지 포인트까지 상승했으며, 단 6개월 동안에 43퍼센트가 증가했습니다.

우리들과 함께 또는 별도로, 젊은이들은 멋진 신세계에 참여하고 있는 것입니다. 인터넷을 통하여 젊은이들은 가깝게는 유럽 지역의 인근 국가들, 그리고 멀리 떨어져 있는 국가의 사람들과 대화를 나눕니다. 전자 우편과 전자 게시판, 웹 사이트, 화상 회의 등을 통해 젊은이들은 다른 사람들이 세상을 어떻게 보고, 행동하고, 알게 되는지에 대한 긴밀하고도 직접적인 통찰을 얻습니다. 분쟁과 협력에 대한 통찰력도 얻습니다. 질문과 제안을 하기도 합니다. 그러면서 나름대로의 결론에 다다릅니다. 또 다른 젊은이들이나 나이 든 사람들을 만납니다. 음악·미술·문학 등에 대한 자료도 주고받습니다. 참관인으로서, 참여자로서, 지은이로서, 비평가로서, 배우는 학생으로서, 심지어는 스스로가 교사로서 행동하기까지 합니다.

저는 인터넷의 잠재적 가능성을 사람들이 확실히 자각하도록 정부가 해야 할 역할이 있다고 믿습니다. 사회는 구성원들이 최대한도의 혜택을 얻어낼 수 있도록 투자해야 하며, 그 혜택을 골고루 누릴 수 있도록 보장해줘야 합니다.

우리는 모든 사람이 상호 연관되어 있다는 것을 분명히 해야 합니다. 각급 학교에서, 지역 사회에서, 그리고 가정에서도 인터넷 이용이 이뤄져야 합니다. 예를 들면, 영국은 2002년까지 모든 학교와 공공 기관이 인터넷에 연결되는 것을 목표로 잡고 있습니다. 이미 초중등 학교와 특수 학교의 절반 이상이 연결된 상태입니다. 또한 영국의 교사들과 학생들을 위하여 인터넷 교육을 위한 국가 계획을 수립해왔습니다. 인터넷 교육은 언제든지 이용 가능한 중요하고 높은 품질의 교육훈련 사이트들을 제공해줍니다.

정부도 인터넷의 교육적 활용도를 인지해야만 합니다. 영국에서 정보기술IT 학과는 초중등 학생들의 필수 과목입니다. 모든 학생들은 다양한 컴퓨터 응용 프로그램들을 맛보게 되는데, 인터넷도 여기에 포함됩니다. 이 젊은이들은 정보를 찾아내는 방법, 정리하는 방법, 불필요한 정보를 버리는 방법, 그리고 풍부한 정보 환경 속에서 책임 있게 행동하는 방법 등을 배워야 할 것입니다.

그리고 정부는 인터넷 세계를 개척해야 합니다. 인터넷 방송과 디지털 교육 시대를 맞아 정부와 산업체들은 협력해야만 할 것입니다.

우리는 시각 자료와 청각 자료 사이의, 소프트웨어와 웹 사이트 사이의 보다 풍부하고 질 높은 상호 작용을 형성하는 연결 고리들을 만들어내야만 할 것입니다. 이 작업은 공공 및 민간 부문의 투자를 요구하게 될 것입니다.

영국 학교들이 교육 과정으로 채택하고 있는 '시민 의식' 과목은 상당히 포괄적인 내용을 다룹니다. 시민 의식의 뿌리는, 미래를 염려하는 사람들, 공동선을 추구하는 사회 발전에 기꺼이 기여하려는 사람들, 무관심을 거부하는 사람들, 늘 단순히 "그게 내게 무슨 유익이 있단 말인가"라고 묻지 않는 사람들로 이루어진 건강한 사회입니다. 젊은이들은 자신들의 행동이 다른 사람들에게 영향을 미치며, 권리·의무·책임이 뒤따름을 인정하는 법을 배워야만 합니다.

'시민 의식'을 가르치는 학습 도구로 인터넷을 활용하는 가장 중요한 방법은 학생들이 적극적이고 책임감 있는 역할을 맡도록 격려하는 것입니다. 우리는 인터넷이 수동적인 관여를 조장하지 않고, 우리 사회의 일각의 과도한 냉소주의와 무관심 속에서 민주주의를 지탱하는 자발적인 활동과 직접적인 참여를 지원하도록 만들어야만 합니다. 인터넷으로 일상적인 일을 처리하도록 보장해야 합니다. 또한 인터넷이 미래 사회의 적극적이고 책임감 있는 구성원들을 격려하는 데 이용되도록 해야 합니다.

 종교

국가를 관리해 나가는 데 종교가 어떤 역할을 한다고 생각하십니까?

각국의 정부는 그 나라의 물질적 자산, 곧 국민의 기술과 노력, 국가의 부와 천연 자원 같은 것이 부유하고 관용이 넘치는 사회를 창조하는 데 도움을 줄 수 있도록 이용해야만 합니다.

정부의 대부분의 결정은, 세금을 어느 정도 수준으로 정할 것인지, 정부의 지출을 얼마로 할 것인지, 어떤 정책에 우선권을 부여할 것인지를 결정하는 것과 같은 물질적 문제에 집중되어 있습니다. 하지만 이러한 조치 방안을 정하기 위해서는 핵심이 되는 가치와 믿음의 체계가 필요합니다. 영감과 동기도 필요합니다. 종교적 믿음 또는 다른 영적인 믿음은 이 목적에 부합할 수 있습니다.

오늘날의 정치가 직면한 가장 큰 문제점들 가운데 하나는 정치적 진보에 대한 각성과 환멸감입니다. 많은 사람들, 특히 젊은이들은 그들이 중요하게 생각하는 것과 정치인들이 행동하고 말하는 것 사이에는 큰 간극이 있다고 생각합니다. 이 현상은 부분적으로는 과거의 지켜지지 않은 약속과 비윤리적 행동들과 관련 있습니다. 정치인들은 그 점에 정면으로 맞서, 자신들의 행동을 바로잡고, 시민들을 정직하게 대해야 합니다. 또한 스스로에 대해, 그들이 대표하는 사람들에 대해 진실해야만 하고, 진실되게 보일 수 있도록 행동해야만 합니다. 우리는 좀더 투명해야 하고, 개방적이어야 하며, 정직해져야만 합니다. 말한 것과 행동한 것 사이에 분명하고 가시적인 연결고리를 형성해야 합니다. 이 분야에서 개인적인 윤리, 가치, 믿음과 행동, 한마디로 성실성 사이의 연관성이 진보를 이룩하는 열쇠임을 인식해야 합니다.

새천년이 시작되는 시점에서, 저는 이 세계가 과거보다는 더 낫게 통치될 수 있어야 하며, 그렇게 되리라는 희망과 욕구를 담은 진정한 여론이 존재한다고 믿습니다. 사람들이 정치인들에게 기대하는 믿음을 회복하고 새롭게 할 수 있으며, 그렇게 할 것이라는 여론이 존재한다고 믿습니다. 이는 정신적인 면과 물질적인 면은 별개의 그릇에 담긴 것이 아니며, 그 둘은 정부 업무와 관련 있는 사항들이라는 것을 인정하는 것까지 포함합니다.

 사회

전세계적으로 점점 많은 사람들이 중독성 없는 환각제를 사용하고 있고, 사용해왔습니다. 환각제 사용을 합법화해야 할까요? 합법화한다면, 어떤 조건을 내세우시겠습니까?

지난 세월 동안 우리는 사회 각층에서 온갖 종류의 마약에 대한 이용 가능성과 사용량이 극적으로 증가하는 것을 목격해왔습니다. 조사에 따르면, 십대 청소년들의 절반 정도가 어느 시점에선가 불법 마약을 경험한 적이 있다고 합니다. 마약은 대부분의 청소년들에게 그저 일시적으로 지나가는 과정에 불과하기도 합니다. 반면 많은 청소년들은 마약을 습관적으로 복용하고, 또 중독 증세를 일으킵니다.

마약 규제법을 자유화하자고 주장하는 사람들의 이야기를 들어볼까요. 어떤 사람들은 미국에서 금주법이 시행되는 동안 술을 불법적인 것으로 규정했음을 지적하고, 마약 거래를 근절하려는 시도가 비슷하게 역효과를 만들어낸다고 주장합니다. 이런 극단적인 견해를 피력하는 사람들은 모든 마약을 합법화하고, 그 대신 허가 제도를 통하여 유통을 규제하는 것이 더 나을 거라고 말합니다.

마약 규제법의 자유화를 찬성하는 두번째 집단은 헤로인이나 코카인 같은 중독성 마약들은 여전히 불법적인 것으로 묶어둬야 한다는 점은 인정합니다. 그러면서 일정 범위의 중독성 없는 마약들, 그중에서도 대마초 같은 것들은 해악이 덜한 편이기 때문에 합법적인 것으로 인정되어야 한다고 주장합니다. 이 집단이 흔히 하는 주장은 술과, 일부 전문가들의 말에 의하면 대마초만큼이나 해로운 담배는 자유롭게 사고 팔 수 있도록 허용한다는 것이 일관성 없다는 것입니다.

하지만 저는 자유화를 외치는 이들 주장의 그 어느쪽도 인정할 수 없습니다. 그러한 조치는 원칙적으로 잘못된 것이며, 실제로도 시행될 수 없는 것입니다. 모든 마약을 합법화하는 것은 암흑 속으로의 거대한 도약이 될 것입니다. 이미 우리는 마약 중독에서 비롯된 비참함과 더러움, 허비된 기회들을 보았습니다. 그 어느 정부가 되었든, 중독성 마약이 널리 이용될 수 있도록 합법화한다는 것은 근본적으로 무책임한 짓입니다. 허가 제도를 통하여 충분한 안전 장치가 마련될 수 있다는 생각은 아주 비현실적입니다.

제 생각으로는, 보다 한정된 해금을 옹호하는 사람들은 중독성 없는 마약들을 포함하는, 모든 불법 마약들이 해롭다는 것을 인정하지 않는 듯합니다.

과학

미래에 우리가 물질 세계의 삶과 가상 세계의 삶 사이에서 선택을 할 수 있으리라고 생각하십니까? 이런 가상 세계로 인하여 실재하는 몇몇 부분들이 물질적·인종적 또는 경제적 목표를 위하여 파괴될 수도 있다는 위험은 존재하지 않을까요?

저는 우리가 물질 세계의 삶과 가상 세계의 삶이라는 두 삶 사이에서 어느쪽을 택할 수 있으리라고는 생각지 않습니다. 비록 우리들 대부분은 정신적 활동들, 과학적 탐구, 문학적 노력 또는 다른 어떤 방법들에서 즐거움을 맛볼 수도 있겠지만, 우리 인간은 분명 물질적 존재입니다. 우리는 먹어야 하고, 건강하려면 일정량의 신체적 운동을 해야 하며, 어쩌면 무엇보다도, 만약 우리가 정말 특이한 괴짜가 되지 않으려면, 다른 동료 인간들과 서로 영향을 끼치면서 살아가야 할 것입니다.

 경제

인터넷이 전세계의 단일 통화를 제정하게 된다는 것이 가능하겠습니까? 인터넷은 세계 경제에 어떤 결과를 미칠 것 같습니까?

1980년대 이후의 개인용 컴퓨터 증가와 1990년대 인터넷의 발달은 사람들이 일하고, 배우고, 즐기는 방식에 혁명을 일으켰습니다. 특히, 인터넷이 도입되는 속도와 그 영향은 가히 놀랄 만한 것이었습니다. 인터넷이 5,000만 사용자들을 갖게 되는데 겨우 4년이 걸린 반면, 텔레비전이 동일한 목표에 도달하는 데는 무려 13년이나 걸렸습니다.

인터넷 사용 증가와 인터넷 무역, 전자 상거래의 확산은 많은 국가들의 경제가 움직이는 방식을 포함해 삶의 여러 측면에 폭 넓은 영향을 미치고 있습니다. 또한 인터넷을 통하여 보다 효과적으로 안전하게 송금할 수 있는 새로운 방법들(일종의 '전자 화폐')이 체계화되고 있는 중입니다. 이러한 발전은 분명 보다 통합된 세계 시장의 형성을 촉진할 수도 있습니다. 그렇다고 해서 세계 단일 통화를 제정하게 된다는 의미는 아닙니다. 저는 그 제안이 우리가 예상해볼 수 있는 미래에 가능하다거나 바람직하다고는 생각지 않습니다.

 새천년에 대한 비전

새천년에 대해 갖는 미래상은 어떤 것입니까?

만약 우리가 지난 1,000년 동안 우리의 세계가 어떻게 변화해왔는지를 생각해본다면, 1,000년이란 세월 동안 삶이 어떤 모습을 띨 것인지, 또는 인류가 어떤 도전에 직면할 것인지를 마음속에 그려본다는 것이 불가능하다는 사실을 깨달을 것입니다.

하지만 새천년에는 금세기에 했던 것보다는 환경을 보호하기 위한 노력에 더 힘써야만 할 것입니다.

개인이나 국가적인 차원에서 모든 젊은이들에게, 저를 포함하는 모든 부모들이 자식들에게 바라는 것은 다음과 같습니다. 평화롭게 살아가기를, 안전을 위협받지 않기를, 존중 받기를, 자신들의 잠재력을 충족시킬 수 있는 기회를 마련해주기 위해 함께 노력할 수 있기를……. 만약 앞으로 닥칠 수백 년의 세월에 걸쳐 젊은이들에게 이런 것들을 이뤄줄 수 있다면, 이 세계는 살기 좋은 곳이 될 것입니다. 하지만 20세기가 끝나가는 지금도, 많은 어린이들이 공포와 굶주림 속에서, 기본적인 의료나 교육 혜택조차 받지 못하면서 살아가고 있다는 사실이 우리에게는 과제로 남아 있습니다.

독일

게르하르트 슈뢰더 총리
장혜경 옮김

 평화

노예 제도는 이미 오래 전에 폐지되었고ㆍ사형 제도를 폐지한 나라도 많습니다. 그렇다면 이 지구상에 전쟁이 사라지는 날이 올 수도 있을까요?

수없이 많은 어려움이 있겠지만 평화는 우리의 손으로 만들어 나갈 수 있습니다. 평화는 책임 있는 정치의 최고 목표가 되어야 합니다.

국가간의 상충되는 이해 관계가 모두 제거되어야만 세계 평화가 가능한 것은 아닙니다. 힘으로 자신의 이해 관계를 관철시키는 대신 모두에게 공정한 방법을 모색하며 누구에게나 평등하게 적용되는 규칙을 인정한다면 세계 평화는 이룩될 수 있습니다.

독일은 과감하게 군사력을 줄였으며 국제 군비 관리 및 군축에 적극적인 지원을 아끼지 않고 있습니다. 또한 대량 살상 무기의 생산 및 보유를 중단하였고, 군비 물자에 대해서는 엄격한 수출 정책을 취하고 있습니다. 독일 외교 정책의 기본 노선은 갈등을 조정하는 다자간 조직 및 메커니즘에 가입하고 국제법을 준수하며, 폭력을 합법적인 자위나 위법적인 공격 같은 비상 사태로 제한하는 것입니다. 이 부분에서는 유엔이 매우 중요한 역할을 맡고 있습니다. 사회 정의를 정책의 지향점으로 삼는 민주적인 법치 국가는 다른 국가에 위험이 되지 않는 법입니다. 경제 빈국의 발전을 지원하는 광범위한 보조 정책 역시 독일이 추진하는 세계 평화 정책의 일부분입니다. 평화를 대내외적으로 유지하는 일은 정치가들의 의무일 뿐 아니라 각 개인의 과제이기도 합니다. 평화는 우리들의 가정에서 시작됩니다.

환경

원자력 발전소와 산업체, 각 가정은 날이 갈수록 많은 양의 폐기물을 배출하고 있습니다. 작동을 멈춘 채 지구 주변을 돌고 있는 위성들처럼 이 폐기물을 우주 공간으로 날려보내는 방법은 없을까요? 아니면 다른 현실적인 방안이 있습니까?

폐기물을 우주 공간으로 보내는 건 좋은 방법이 아닌 것 같습니다. 그렇게 하려면 엄청난 양의 에너지가 소비될 겁니다. 제가 생각하는 해결책은 이렇습니다.

첫째, 생산 순환 체제를 완비하는 등 우수한 기술로 폐기물을 원천적으로 방지합니다.

둘째, 오래 쓰고 수리가 용이한 제품을 만듭니다.

셋째, 폐기물을 다각도로 재활용합니다. 독일은 여러 부문에서 (유리·종이·알루미늄 등) 이미 상당한 성과를 거두고 있으며, 다른 부문에서도 (자동차·전자 제품 등) 법률적인 틀을 마련하고 있는 중입니다.

넷째, 재활용이 불가능한 폐기물은 에너지로 활용합니다. 그렇게 되면 가치 있는 자원을 절약할 수 있으며 환경에 부담을 주지 않고도 폐기물을 처리할 수 있습니다.

핵폐기물의 경우 특히 문제가 되는데, 독일 연방 정부는 핵에너지의 사용을 줄이기 위해 노력하고 있습니다.

 민주주의

보다 민주적인 운영을 위해 유엔의 대표를 직접 선거로 선출하면 어떻겠습니까?

　독일 연방 정부는 유엔을 국가간 상호 협력에 필수적인 유일한 세계 조직으로 생각하고 있습니다. 정부가 민주적으로 선출된다면 그 정부가 임명한 유엔의 대표들 역시 민주적인 합법성을 가질 것입니다.

　만일 유엔 회원국의 대표를 직접 선거로 뽑는다면 유엔은 그 성격을 달리하여 세계 의회로 변모할 것입니다. 원칙적으로 보면 세계 의회가 바람직하겠으나, 현재로서는 국제 조직의 각 회원국들이 자신들의 주권을 범세계적인 결정 협의체에 위임할 준비가 되어 있지 않습니다. 이런 이유로 연방 정부는 유엔이 기존의 틀 내에서 전 인류의 복지라는 본연의 임무를 잘 수행할 수 있도록 주력하고 있습니다.

 종교

신에 대한 믿음이 위험하다고 생각하십니까?

　원칙적으로는 그렇지 않습니다. 신에 대한 믿음은 인간을 도울 수 있으며 삶의 지주가 되고 방향을 제시해줄 수 있습니다. 신앙 문제는 아주 개인적인 문제이지만, 한편으로 생각하면 거의 대부분의 사회에서 신앙과 종교가 공동 생활의 윤리적 기초를 마련해줍니다. 종교와 그 종교가 주는 가치는 각 사회가 요구하는 책임 있는 사회 활동에 막대한 기여를 하는 것이지요.

하지만 일부 종파에서 그러하듯 인간의 주체성을 억압하는 종교는 위험할 수 있습니다. 특히 자기 종교만이 유일하게 구원을 주는 종교라고 주장하면서 다른 종교의 가치를 부인하는 광신론은 매우 위험하다고 생각합니다.

 사회

후진국의 국민들이 기아로 죽어가는 마당에 일부 선진국은 남아도는 식량을 버리고 있습니다. 어떻게 이런 일이 일어날 수 있을까요? 정말 말도 안 되는 이런 불공평한 상황에서 우리가 할 수 있는 일은 무엇이겠습니까?

식량 수급 문제는 상당 부분 각 국가의 자연 조건과 경제 및 무역 체계에 좌우됩니다. 독일의 식량 생산은 자급과 충분한 양의 비축, 그리고 수출을 목표로 합니다. 독일은 자연 조건이나 환경, 가격을 무시한 채 최대한 많은 양을 생산하는 농업도, 반대로 가격을 안정시키기 위해 식량을 파기하는 농업도 원치 않습니다. 그런 까닭에 유럽 연합 공동 농업 정책의 개혁 성과에 적극 동참하고 있습니다.

또한 후진국의 식량 수급 상황을 개선하기 위해서 독일은 농촌을 지원하고 보다 효율적인 생산 방법을 가르치며, 보다 유리한 조건의 대출 제도를 마련하는 데 주안점을 두고 지원을 아끼지 않고 있습니다. 전세계적인 농업 무역의 자유화가 우리 정책의 공식 목표입니다. 독일은 여러 나라에 많은 양의 식량을 지원하고 있는데, 보통 지원 식량을 그 지역 생산품으로 공급하고 있습니다. 식량 지원시

각 지역의 생산 및 시장 현황뿐 아니라 식습관 역시 고려하고 있습니다.

 과학

만약 총리께서 위독한 병에 걸리신다면(냉동 인간 기술이 실용화될 경우), 치료제가 개발되어 병을 치료할 수 있을 때까지 냉동 인간이 되실 의향은 있으십니까?

지금껏 그런 기술은 없습니다. 물론 미래의 의학은 더욱 진보하겠지만 인간에게 영생을 주는 기술은 있을 수도 또 있어서도 안 됩니다. 죽음이란, 곧 유한성이란 생명의 일부이며 인간 조건의 하나입니다.

 경제

왜 대량 해고를 단행한 기업은 가치가 높아지는 것처럼 보일까요? 이 문제에 대해 어떻게 생각하십니까?

한 기업이 갑자기 많은 직원을 해고할 경우 대부분은 기업의 가치, 다시 말해 상장 기업의 경우 주가가 올라가지 않습니다. 하지만 예외도 있습니다. 많은 사람들이 (특히 당사자들이) 이해하기 힘들겠지만 말입니다.

모순처럼 보이는 이런 현상의 원인은 주식에 돈을 투자하는 투자자들의 행동 방식에 있습니다. 주가는 앞으로 기대되는 영업 전망과 이윤 전망을 반영합니다. 이것이 나쁘면 주가가 내려가고, 좋으면 주가가 올라가는 것이지요.

일반적으로 한 기업이 갑자기 많은 직원을 해고할 수밖에 없다면, 그것은 경쟁력이 나빠졌기 때문입니다. 이런 상황에서 투자자들은 해고를 장기적으로 기업의 전망을 개선하는 데 도움이 되는 '입에 쓴 약'으로 해석합니다. 그래서 대량 해고가 일시적으로 주가 상승을 낳을 수 있는 겁니다.

물론 경제적인 문제를 해고로 대응하는 방법은 단기적인 효과밖에 거둘 수 없습니다. 곧 가치가 하락할 테니까요. 장기적으로 볼 때 이런 방법은 큰 손실입니다. 인력을 해고함과 동시에 기업은 막대한 지식을, 경제 전문 용어로 말하면 인적 자본을 잃게 됩니다. 이런 지식은 기업이 경제적인 어려움을 이겨내기 위해 계속 필요한 부분입니다. 그런데도 인력을 가치 있는 자원으로 생각하는 기업이 그리 많지 않은 게 현실입니다.

시장 경제에서는 대량 해고가 불가피합니다. 시간이 흐르면서 쇠락의 길을 걷는 산업이 생길 테고 그에 따라 필요 인력도 줄어듭니다. 반면 다른 부문이 성장하여 그 부문의 고용인 수가 늘어납니다. 이런 경우 정체된 부문의 해고는 문제되지 않습니다. 한 기업에서 해고된 인력이 곧 다른 기업에서 일자리를 찾을 수 있으니까요. 훌륭한 교육 수준을 갖춘다면, 또한 배울 준비와 능력만 있다면 빠른 시간 내에 다른 일자리를 찾을 수 있을 겁니다.

학교 교육이 이런 능력을 갖춘 인력을 양성할 수 있도록 정치는 지원을 아끼지 말아야 합니다. 또한 실업자들에게 재교육 기회를 마련하여 부상하는 산업 분야에서 일할 수 있는 자질을 갖추도록 도와주어야 합니다.

하지만 정치가 모든 문제를 해결해줄 수는 없습니다. 기업 역시 충분한 교육 시설을 제공해야 합니다. 마지막으로 젊은이들 역시 교육을 통해 자신의 자질을 높이도록 노력해야 합니다. 졸업장이나 자격증이 없는 사람의 경우 특히 실업의 위험이 높기 때문입니다.

프랑스

자크 시라크 대통령
박재환 옮김

평화

일부 국가의 원수들은 테러 집단처럼 민간인들을 인질로 삼고 있습니다. 사람들이 테러 집단들과는 그렇게 하지 않으면서도 일부 국가 원수들과 협상하는 것을 어떻게 생각하십니까?

테러리즘은 어떤 형태의 것이든 용납될 수 없습니다. 테러 집단과 협상하는 것은 독버섯 같은 악순환을 초래할 뿐입니다.

테러리즘에 대항하기 위해, 각 국가는 강제적으로라도 법의 범주 내에서 행동해야 합니다. 이 원칙은 한 국가뿐 아니라 국제 관계에서도 동일하게 적용됩니다. 이것이 테러를 자행하는 집단뿐만 아니라 그들에게 경제적 지원을 하거나 보호하는 집단들에 대항하는 모든 국가의 권리와 상호적 의무 조항들을 정의하려는, 또한 이러한 재해에 대한 투쟁의 체계를 설정하려는 이유입니다.

하지만 우리들은 때때로 국제 권리의 불충분함을 평계삼아 예외적인 방법을 이용해왔습니다. 1988년 PANAM항공사와 1989년 UTA항공사 비행기에 대한 살상 공격 이후에, 유엔 안전보장이사회는 1992년 리비아에 제재를 가했습니다. 이 제재는 리비아 당국이 용의자들에 대한 사법 절차들을 수락함으로써 종결되었습니다. 이는 타협을 시도하거나 일방적으로 무력에 의존하는 것보다 합법적인 접근이 우월하다는 것을 증명하는 것입니다.

여러분의 질문은 또 다른 현상인 인도주의적 권리 또는 인권을 침해하는 국가들에 대해 어떻게 대처해야 하는가를 암시합니다.

국제 형법 재판소의 지위에 대한 협상 종결과 더불어 1998년 7월

로마에서 큰 진전이 이루어졌습니다. 국제 형법 재판소는 일할 채비가 되어 있습니다. 이제 더 이상 마땅한 대가를 치르지 않고는 어떤 정부도 어떤 국가 원수도, 어떤 군 책임자라도 인간 의식을 말살시키는 범죄를 저지를 수 없을 것입니다.

저는 유럽에서 '민간인들을 인질로 삼는 것'이 더 이상 용납될 수 없다는 것을 보여주기 위해 단호히 대처해 나갈 것입니다. 코소보에서 저질러진 불명예스러운 인종 청소와 발칸 반도에서의 지속적인 평화를 유지하기 위해 우리가 어떻게 행동하는지 지켜봐주시기 바랍니다.

모든 국가들이 지상권이라는 이름으로 스스로 모든 것을 결정할 수 있는 시대는 이미 지났다고 봅니다. 우리는 국가의 권리와 의무들을 결정하는 새로운 국제 사회, 곧 보편적인 의식 출현에 참여하고 있습니다. 이것은 하나의 길고 복잡한 과정입니다. 그리고 평화적이고 민주적인 세계 건설에 진일보한 것입니다.

 환경

전세계의 생태학적 질서를 유지하는 데 가장 먼저 지구의 재삼림화가 필요합니까? 동의하신다면, 가장 먼저 해야 하는 행동이 무엇인지 구체적으로 말씀해주시겠습니까?

산업 시대의 중요한 결과 가운데 하나는 인간의 힘이 지구 환경의 일반적인 조건들을 변경시킬 수 있다는 사실입니다. 옛날에는 인간 행위의 결과가 지엽적인 것에 지나지 않았습니다. 하지만 차츰 그 결과물들이 누적되어 상황이 악화되었습니다.

우선권을 어디에 둘 것인지를 결정하는 것은 어렵습니다. 모든 결과들이 중요하기 때문입니다. 그럼에도, 생명의 조건들에 직접적인 위협을 가하기 때문에, 기후 변화에 최고의 우선권을 두고 싶습니다. 수자원 문제에도 부단한 관심을 가져야 할 것입니다. 세계는 지금 물 부족으로 위협받고 있으며, 매년 수백만의 사람들이 물로 야기된 병으로 죽어가고 있습니다. 이런 상황은 기존의 수자원들을 잘 관리해야 하는 문제이기 때문에 여기서 논의하기가 좀 그렇습니다. 마지막으로 삼림의 황폐화, 토양 침식, 사막화 등의 문제를 지적할 수 있겠죠.

환경 훼손들 가운데, 우선적으로 생각하고 싶은 것은 장기적인 관점에서 보아야 할 문제이면서 기후만큼이나 중요하나 급박하지 않은 동식물 종들의 소멸과 같은 생물 다양성과 관계되는 문제들입니다.

미래 세대들에게 건강한 지구를 물려주기 위해서는 확고한 정책들이 요구됩니다. 유럽 연합이 막 그 정책을 시작한 것처럼, 각 대륙의 모든 국가들은 환경 보호에 대한 공동의 정책을 명확하게 취해야 합니다. 환경에 대한 보편적인 법규들을 제정하고 그 법규들을 준수하게 하는 조직을 발족할 때가 되었습니다.

더 중요한 것은 천연 자원의 과도한 낭비를 종식하기 위한 생산과 소비 형태의 변화입니다. 이것이 21세기의 우선적 과업인 산업 체계의 근본적인 변화, 곧 지속적인 발전 혁명입니다.

이 모든 것을 위해 환경 교육이 절실히 필요합니다. 건강한 시민이 되기 위해 배우는 것과 마찬가지로, 지구의 책임 있는 주민이 되기 위해서도 배워야 할 순간이 왔습니다. 이 같은 새로운 문화 창출과 확산 속에서, 대중들의 힘과 연계된 연합 운동의 역할은 매우 중요합니다. 이것은 젊은이들의 중대한 임무들 가운데 하나이기도 합니다.

 민주주의

국제 공동체가 대통령께 24시간 동안 모든 권력을 부여한다면, 어떻게 하시겠습니까?

저는 민주적으로 선출된 대통령이며, 모든 권력은 감시를 받아야 한다고 배웠던 국가에서 태어났습니다. 24시간일지라도, 권력을 맡긴 사람이 그 누구일지라도, 완전한 권력이란 신뢰할 수 없다는 것을 분명하게 말씀드립니다.

이 질문을 듣고 약간 망설여집니다. 그런 생각은 권력을 적용할 수 있는 제도들이 충분하다는, 이상적인 해결 방안인 절대적인 해결책들이 존재한다는 것을 가정합니다.

그럼에도 국제 공동체가 저에게 24시간 동안 완전한 권력을 부여한다면, 즉각적인 결과를 가져올 수 있는 다섯 가지 결정을 내릴 것입니다.

첫째, 인간 살육 또는 인류에 대한 범죄를 저지른 책임자들을 체포할 것입니다. 그들은 정의를 피해갈 여지가 있는 국제법으로부터 교묘하게 이익을 보고 있습니다. 반인류적인 범죄는 반드시 그 대가를 치러야 한다는 것을 세계는 알아야 할 것입니다.

둘째, 분쟁 지역에서 벌어지는 전투를 멈추게 하는 동시에 타협을 이끌어내기 위해 국제 평화 유지군을 파병하겠습니다. 유엔 평화 유지군이 그 예가 될 수 있겠죠.

셋째, 자국의 발전으로 국민들이 빈곤에서 벗어날 수 있도록 최빈국들의 채무를 면제하겠습니다.

넷째, 제3세계 모든 국민들이 에이즈, 말라리아 또는 결핵 같은 전염병의 치료를 받을 수 있는 토대들을 만들겠습니다.

다섯째, 모든 사람이 교육받을 수 있는 프로그램을 만들겠습니다.

 종교

국가와 종교를 체계적으로 분리해야 합니까? 그렇지 않다면, 국가와 종교가 어떻게 공존할 수 있을까요?

보편적인 기준을 정하기에는 어려운 문제입니다. 종교는 뿌리 깊은 국가의 정체성과 관련 있는 문화적이고 미묘한 주제이기 때문입니다. 프랑스는 국가와 교회의 분리가 1905년에 이루어졌습니다. 그때 프랑스는 종교와 무관한 공화국이 되었습니다. 그 과정에서 수많은 고통을 겪었고, 한편으로는 몇 십 년 동안 왕권과 교권 사이에 존재했던 오래되고 강한 여러 관계들과 관련된 지독한 반교권주의가 대두되기도 했습니다.

오늘날 프랑스에서 국가와 교회는 독립과 상호 존중의 기치 아래 양립하고 있습니다. 프랑스 공화국의 초석들 가운데 하나인 세속성에 대한 충실함은 종교에 대한 거부가 아닙니다. 오히려 기회의 평등 또는 남녀 사이의 평등과 같은 어떤 원칙들을 존중하고자 하는 의지력입니다. 예를 들어 회교의 터번이 어떤 한 종교에 속하는 것을 보여주기 위한 의사 표시로 비난받아서는 안 되지만 평등 원칙에 어긋난다는 점에서는 비난받을 수 있습니다.

실제로 이 주제에 대해 각국은 자신들의 고유한 개성과 정당한 답변을 가지고 있습니다. 세속적인 프랑스 공화국은 여왕이 동시에 국교회의 수장인 영국과 그 입장이 다르며, 취임하는 모든 대통령이 《성서》에 대한 선서로 시작하는 것처럼 종교가 모든 국가 의식에 통합되는 미국과도 다릅니다. 또한 성법이 국가의 법 그 자체이기 때문에 국체와 종교는 뗄래야 뗄 수 없는 진정한 의미의 신정 정치를 하는 이슬람 공화국들과는 더더욱 다릅니다.

이렇기 때문에 도덕적으로나 정치적으로 보편적인 원칙을 적용하는 것이 불가능합니다. 우리들은 남성의 권리, 여성의 권리, 어린이의 권리 등 모든 장소와 상황 속에서 인간의 자유와 존엄성을 강제적이고 단순하게 방어할 수 없습니다. 제 대답은 이렇습니다. 각국은 그들이 원하는 정치 권력과 종교 권력 사이의 관계를 설정할 수 있습니다. 왜냐하면, 인간의 기본 권리들은 존중받는다는 조건하에, 불행하게도 늘 그 입장과는 거리가 먼 국가의 정체성에 관계되는 일이기 때문입니다.

 사회

국민들은 정부가 일상 생활과 단절되어 있다는 생각을 점점 강하게 합니다. 대통령께서는 1년에 일주일씩 기업, 학교, 극빈 지역, 그리고 어떤 특정한 가족 속에서 지내보실 생각은 없으십니까?

국민들이 점점 자주 이러한 인상을 받는 것은 사실입니다. 물론 비판을 겸허하게 받아들여야겠죠. 그럼에도 이러한 말들에 미묘한 의미를 띠게 하는 몇몇 의견들이 개진될 수 있을 것입니다. 정부 일을 하는 사람들도 다른 모든 시민들처럼 즐거움과 시련을 느끼는 남자와 여자들이라는 것입니다. 또한 일의 성격상, 그들은 매우 다른 경험을 가지고 살아가고, 다종다양한 성격의 시민들을 만난다는 사실을 추가하고 싶습니다. 마지막으로 그들이 개인적 관점을 확대할 기회가 되는 생각과 행동의 다른 양식·문화들을 발견할 가능성이 있음을 말씀드립니다.

하지만 저는 실제로, 질문이 상기시키는 단절의 차이가 그들의 직업보다 사람들의 성격과 더 관련 있다고 생각합니다.

저에게는 사람들과의 접촉을 긴밀히 유지하고, 동향인들을 만나러 가며, 현장 방문을 늘리는 동시에 일반 국민들의 말과 불안, 희망에 귀기울이는 것이 대단히 중요한 듯합니다. 그 점이 제가 가능한 한 자주 프랑스 구석구석을 방문하려는 이유입니다. 이렇게 해서 얻은 의견 교환은 귀중합니다.

과학

유전자 변형 농산물GMO을 드십니까? 대통령께서는 무역 전쟁에서 유전자 변형 농산물의 진정한 목적을 어떻게 이해하십니까?

프랑스 국민 개개인처럼, 저도 엄격한 위생 검사를 거친 제품들을 소비합니다. 위생 검사는 음식물로 인한 중독을 줄입니다. 유전자 변형 식품들도 상업적인 결과에 관계없이 위생 검사의 엄격한 적용, 또는 유전자 변형 식품에 필요한 새로운 법규의 엄격한 적용을 회피해서는 안 됩니다.

여기서 가장 기본이 되는 것은 상업적인 측면이 아닙니다. 왜 유전자 변형 식품이 이처럼 불신과 거부 반응 속에서도 유통되기 시작했을까요? 그 이유는 이 식품들이 생명체 내부에서 행해진 조작의 결과들이라는 사실에 있습니다. 그리고 모든 사람들은 우리 인류가 자연을 전복시켰다는, 우리들이 바로 그 경계선을 넘었다는 것을 직감적으로 이해하고 있습니다. 이상하게도 생명공학은 전망이 밝습니다. 농업 생산물을 증가시키고, 화학 비료 사용을 줄이며, 새로운 화학적 생산물들의 '정확한' 생산 형태 등과 같은 것들이 우리가 기대할 수 있는 주요한 개선책들입니다.

하지만 유전자 변형 식품에는 어느 정도 약품의 성질이 존재합니다. 물론 부차적인 결과들에 대한 심도 있는 연구 없이 유전자 변형 식품들을 시장에 출하시켜서는 안 됩니다.

과학자들은 일부 유전자 변형 식품들이 알레르기와 중독 증상을 일으키거나 항생 물질의 효능을 제한시켜 건강을 해칠 수 있다고 말합니다. 환경에 대한 GMO의 결과를 분석하고 이러한 불안감을 없앨 필요가 있습니다. 유전자 변형 식품들이 환경을 오염시킬 수 있습니까? 돌이킬 수 없는 돌연변이를 일으킬 수 있습니까? 생태계를 악화시킬 수 있습니까?

이렇듯 대답하기 어려운 의문들에 직면하여, 저는 진보에 얽매여 있는 생산 제한론적 태도의 지지자는 아닙니다. 하지만 인류의 건강 또는 환경에 대한 심각한 위험을 언급할 때, '예방의 원칙'을 강조하고 싶습니다. 돌이킬 수 없는 것을 행하지 않도록 하기 위해서입니다.

우리들은 구체적으로 GMO가 가져올 결과에 대한 과학적 연구들을 집약시키고 가속화해야 합니다. 또한 국제 승인 절차를 정리하고 시장 출고에 대한 사항들을 존중해야 합니다. 우리들이 상업적 문제를 다시 생각하는 이유가 바로 여기에 있습니다. 현 국제법은 예방의 원칙을 충분하게 인정하지 않고 있습니다. 우리들은 이러한 법을 빠르게 바꿔 나가야 합니다.

 경제

우주는 개발할 수 있는 부의 원천이 될 것입니다. 우주는 인류의 세습 재산입니까? 아니면 개발하는 국가 또는 기업의 소유물입니까?

저는 우주가 언제쯤 개발할 수 있는 부의 원천이 될 것인지는 잘 모르겠습니다. 흔적들은 존재하지만, 인류가 우주에 산업 기지를 건설하는 것은 여전히 요원한 일입니다. 우주에 대한 연구와 활동은 단지 시작에 불과할 뿐이며, 젊은이들은 엄청난 격동 속에 살아갈 것입니다.

우리들은 이러한 진보에 대비해야 합니다. 아마도 여러분은 그 진보를 알고 있을 것입니다. 유엔도 1998년 7월 우주 공간의 평화적인 이용에 대한 세번째 세계적 회의(유엔 우주평화이용회의)를 개최했습니다. 미래의 우주 공간에서 벌어질 국제적 활동의 큰 방향들을 결정하는 것이 문제였습니다. 이 회의 속에서, 두 가지 기본 원칙들에 대한 확고한 입장은 마련됐습니다.

첫번째, 우주 공간은 국가들에 의해서든 기업들에 의해서든 모든 점유로부터 자유로워야 합니다. 무엇보다 우선해야 하는 법규들은 난바다 또는 남극과 북극 같은 대륙을 관리하는 법규들, 곧 모든 국가의 자유롭고 평등한 접근, 자유로운 개발과 이용, 국제 협조와 상호 원조와 동일한 부류입니다. 왜 이런 주장이 필요합니까? 진정한 의미의 무역 전쟁이 우주 공간에서 벌어지는 것을 방지하기 위해서입니다. 전체적으로 우주 공간의 이용을 가장 문명화된 이용에 일치시킬 수 있도록 하기 위해서이기도 합니다.

두번째, 우주 공간의 평화적 이용입니다. 물론 위성들은 군사적 정찰 또는 통신을 목적으로 사용될 수 있습니다. 하지만 어떤 희생을 치르더라도 우주 공간이 군사화된 지역, 더구나 전장으로 변형되는 것만은 막아야 합니다.

이 모든 것을 미리 얻을 수는 없습니다. 국가나 기업은 기술이 발전하면 할수록, 그들이 이용하기를 희망하는 분야들에 대한 점유를 여러 각도에서 시도합니다. 이미 보다 강력한 군사력을 추구하는 일부 국가들이 대기권 밖에 있는 우주 공간의 잠재력을 이용하려고 시도한 바 있습니다. 이 행위에 대해서는 반대 의사를 표명해야 합니다.

저는 유엔 회의에서 젊은이들의 참여를 후원했습니다. 회의를 조직한 사람들은 '우주 공간 형성에 대한 포럼'을 준비하려는 행복한 생각을 가지고 있었습니다. 젊은이들이 이 중요한 질문에 함께하는 것은 의미가 큽니다. 젊은이들은 살아가는 동안 우주 공간을 진보시켜야 하고, 그 결과에 대해서도 책임져야 합니다. 저로서는 모든 대륙의 젊은이들이 차례가 되면 그 일에 참여하고, 그 사실이 단 한 나라의 점유물이 아니라 집단 평화의 새로운 서사시가 되도록 우주 공간의 거대한 탐험을 인식하기를 희망합니다.

 새천년에 대한 비전 1

10년, 20년, 30년 전에 모든 사람들이 2000년을 상상하려고 했습니다. 대통령께서 스무 살에 상상한 2000년은 어떤 모습이었습니까?

제가 스무 살일 때는 1952 · 1953년이었습니다. 사람들은 세계가 나아갈 방향들에 의문을 제기했고, 비전은 당시의 정치지리학적 상황에 대한 불안으로 나타났습니다. 사람들의 기억 속에, 그리고 생활 속에 제2차 세계 대전이 남아 있었습니다. 우리들은 인도차이나 전쟁 속에 존재하고 있었습니다. 세계는 정신에 압박을 가했던 냉전의 상황에 있었던 겁니다. 평화는 우리가 자연스럽게 호흡하는 공기로 존재하지 않는다는 것을 느끼기에 충분했습니다. 평화는 정복해야 할 대상이었고 공고하게 할 대상이었습니다. 유럽도 복구의 대상으로 남아 있었습니다.

전 스무 살이었고, 모든 것이 의지와 상상 속에 있다는 생각으로 자신감 있고 낙관적이었습니다. 스무 살이라는 사실이 마음속에 각인되어 있었기 때문입니다. 그때는 모험을 좋아했습니다. 마치 작은 백화점의 수습 사원처럼 무엇엔가 참여했습니다. 발견을 목말라했으며 여행을 갈구했었던 시기이기도 합니다. 세상은 열려 있는 것처럼 보였습니다. 저는 모든 분야에서 이상스러울 정도의 정열이 전쟁의 잔해 위에 쌓인 시기에 태어났습니다. 모든 것이 자연스럽게 진척되었고, 기본적인 자유에 대한 보호보다 더 확실한 것은 없었기 때문에 주의를 게을리하지 말아야 한다고 생각했습니다.

질문으로 되돌아가볼까요. 실제로 저는, 2000년이라는 세계를 묘사했던 당시 영화들과는 생각이 좀 달랐습니다. 우리 세대의 다른 사람들처럼 2000년을 건설할 엄청난 욕망이 있었기 때문입니다.

 새천년에 대한 비전 2

과학과 기술의 발전은 인간 관계의 고리를 흔들어놓았으며, 자기 파괴의 가능성을 증가시켰습니다. 이를 고려한다면, 새천년에 인류의 미래는 어떻겠습니까?

과학과 기술은 그 둘 사이에서 인류가 유지하고 있는 관계들을 흔들어놓았고, 시나브로 시간과 거리를 없애버렸습니다. 그후로 고립 상태 속에서 살아갈 수 있는 공간은 이 세계 어디에도 존재하지 않게 되었습니다.

이것만이 유일한 변동은 아닙니다. 땅에 대한 인간의 지배는 최근에 상상하지 못할 정도로 높아졌습니다.

첫번째, 지리적 지배. 인간 생활에 자연적으로 유리한 거의 모든 토지들은 개간되거나 도시화되었습니다. 다른 토지들도 인간의 능란한 솜씨로 비옥해졌습니다.

두번째, 군사적 지배. 인간은 20세기 동안 전례 없는 파괴적인 힘으로 무장했습니다.

세번째, 지적 지배. 우리들은 생명과 물질의 여러 비밀들을 캐내는 데 성공했습니다.

네번째, 환경 지배. 최근까지 인간의 행동은 주변 환경에 한정되어 이루어졌습니다. 오늘날에는 우리가 내리는 결정이 지속적으로 영향을 미치는 자연 속에서 살아가는 것을 배워야 합니다.

일부 사람들은 드물기는 하지만, 인간의 맹목성이 스스로를 말살할 수 있다는 사실을 두려워합니다. 그들은 인류가 견습 마녀와 같은 역할을 한다는 것을 두려워합니다.

저는 인류는 힘을 지배하고, 이로운 목적에 이용하는 능력을 지탱할 수 있다고 확신합니다. 또한 인류 문명의 새로운 단계, 증가한 힘이 인류에게 유리하게 사용되는 데 필수적인 법규인 보편적 윤리를 실행하고 공들여 만든다는 사실을 확신합니다.

우리에게는 대량 학살 무기의 확산을 끝내고 갈등을 예방하기 위해 새로운 법이 필요합니다.

인류는 유전자 조작으로 생명체 내부에 개입할 수 있습니다. 비단 동식물에 한정되는 것이 아니라 인간 자체에도 개입할 수 있습니다. 따라서 보편적 생명윤리학의 진화론적 규범들을 확립하는 것이 절박합니다.

인류는 천연 자원을 고갈시킬 수 있습니다. 이제야말로 지속적인 발전의 규칙을 적용할 때입니다.

이러한 새로운 문제들 앞에서, 세계 전체에 보다 골고루 분배되는 경제 발전을 위한 추진력이 필요합니다. 이러한 목적 실현에 남과 북의 부 편차가 커다란 장애물이 되기 때문입니다.

 새천년에 대한 비전 3

만약 대통령께서 지구에서 가장 가난한 국가들 가운데 한 나라의 국가 원수라면, 새천년을 맞이할 이 나라를 위해 무엇을 하시겠습니까?

발전이라는 것은 교육과 민주주의라는 두 가지 버팀목들에 기반을 두어야 합니다.

저는 인간의 권리를 존중하지 않는 국가는 인정받을 수 없다고 생각합니다. 민주주의는 남자든 여자든 각자에게, 생활에서 성공의 기회를 제공하고 자발성을 격려하는 데 가장 좋은 제도라고 생각합니다.

교육은 발전의 기본 방법입니다. 남자 아이들과 여자 아이들에게 평등한 교육 기회를 보장해야 합니다. 그들에게 성공의 기회도 부여해야 합니다.

민주주의와 교육은 정보의 새로운 기술에 힘입어 모든 사람들이 보다 쉬이 접근할 수 있는 거리에 있게 되었습니다. 하지만 지식의 단절을 피하는 데 주의를 기울여야 하며, 경제 빈국들이 이러한 새로운 기술에 현실적으로 도달할 수 있도록 해야 합니다.

빈국들이 스스로 발전할 수 있도록 부국들의 연대가 필요합니다. 부국들의 힘에만 의존해서는 가난을 벗어나기 어렵습니다. 이러한 '출발'은 동일한 문제에 직면합니다. 설사 같은 차원 속에 명백히 놓여 있지 않더라도 말입니다.

이 점에서 저는 우려를 표명하지 않을 수 없습니다. 발전에 대한 공공 원조의 충분한 수준을 유지하는 것은 개인 자본만으로는 실현할 수 없는, 기초적인 하부 구조를 세우는 데 필수적인 조건입니다. 그렇지만, 부유국의 공공 원조는 위험할 정도로 감소하고 있습니다. 이 사실은 세계화의 거대한 물결로부터 빈국들을 배제시킬 위험이 있습니다. 이는 세계의 균형을 위해 위험할 뿐 아니라 인간적으로도 받아들일 수 없습니다.

 새천년에 대한 비전 4

경제의 중요성이 점점 커지고 있습니다. 대통령께서는 언젠가 우리들이 한 국가의 시민이 아니라 다국적 시민이 될 것이라고 생각하십니까?

결코 그렇지 않습니다. 경제가 점점 중요한 역할을 하는 것은 사실입니다. 이 거대한 세계 시장에서 자급 자족을 선택한 일부 국가들이 보여주듯이, 엄청난 손해를 감수하지 않고는 그 어떤 국가도 단독으로 행동할 수 없습니다. 우리들은 서로서로 연결되어 있습니다. 드물기는 하지만 최악의 상황에서도 국가 사이의 편차가 계속 커지기는 하지만 마찬가지입니다. 가장 호의적일 때도 마찬가지입니다. 세계화에 힘입어 많은 국가들이 나름대로 성장했고, 생활 수준이 향상되었습니다.

그렇다고 해서 정착의 필요성, 조국과 문화, 지역에 대한 애착이 결코 얕아지지는 않았습니다. 세계화로 야기되어 확산된 불안들 때문에 아마도 그럴 것입니다. 우리들은 세계 시민들이며, 우리들 가운데 수많은 사람들은 (유럽의) 열정적인 시민들입니다. 하지만 한편으로는 늘 개개인이 속하는 나라의 시민들이며, 시민들일 것입니다. 정치적으로 국가들을 필요로 하는 것처럼 문화적으로나 감성적으로 우리들은 이러한 본원적인 관계를 필요로 합니다. 실제로, 국가의 책임은 여전히 필수적인 것으로 남아 있습니다. 특히 기회의 균등을 위해서나, 필요한 연대감을 형성하기 위해서나, 안전을 보장하기 위해서 말입니다. 국가 지도자들은 인류의 성숙이 늘 우리 사회의 궁극성으로 남아 있다는 것에 주의를 기울여야 합니다. 세계화의 잘못된 결과와 싸우고, 세계화의 위험들을 제압해야 하는 것은 각 국가의 몫입니다. 정확히 말해 세계는 결코 공상 정치 소설에서나 묘사될 수 있는 전망을 가진, 인간성이 상실된 대규모의 다국적 국가는 되지 않을 것입니다.

브라질·인도·일본·독일과 같은 대국들이 유엔 안전보장이사회의 상임 이사국에
합류하는 것이 필요하다고 생각하십니까?

그 의견에 전적으로 동의합니다. 세계는 1944년 연합국들이 유엔
헌장을 명문화했던 이후로 상당히 변화하였습니다. 이제 이러한 변
화에 대해 생각할 때가 되었습니다. 국제 공동체가 유엔에 부여했던
평화와 안전 유지를 위한 기능을 떠맡기 위해 필요한 모든 합법성을
안전보장이사회가 가져야 하기 때문입니다.

제2차 세계 대전은 부분적으로는 집단 안보 조직에 초점을 맞추는
시도들의 실패 속에서 태어났습니다. 그 속에서 교훈을 얻어, 연합
국들은 영원히 개회되고 효과적이며 신속하게 대응할 수 있는 집단
기구를 만들기로 했습니다. 그렇게 해서 유엔 안전보장이사회가 탄
생한 것입니다.

이 체제는 상당 부분 냉전에 의해 봉쇄당했습니다. 미국과 구 소
련이 유엔 안전보장이사회를 마비시켰습니다. 전환점은 페레스트로
이카와 함께 왔습니다. 그때부터 안전보장이사회는 분쟁의 해결을
위해 유용한 역할을 했습니다. 이라크와 이란 전쟁, 쿠웨이트 침공,
구 유고슬라비아의 위기, 서부 사하라, 캄보디아의 평화, 르완다의
대량 살육을 비롯해 기타 많은 문제들에서 그 효과를 입증했습니다.

하지만 몇몇 저항도 있었습니다. 강대국들은 일방적인 행동을 자
행했고, 떠오르는 강대국들은 공동의 규율을 받아들이지 않았습니
다. 중재국들이 안전보장이사회의 결정에 이의를 제기하지만, 확대

된 안전보장이사회에서 받아들여지지 못했습니다.

　유엔 안전보장이사회의 제도와 제도의 합법성, 방법들을 굳히기 위해, 구성을 조정할 필요가 있습니다. 상임할 수 있는 새로운 이사국을 선출해야 하고, 심각한 위기가 발발한 이사국에서 국제 공동체가 체계적으로 활동하기 위해서는, 그곳에 상주할 수 있어야 합니다.

　그렇다면 그들은 어느 국가이어야 할까요? 분명하게 말하지만 일본과 독일은 오늘날 그들이 떠맡을 수 있는 책임들이 있습니다. 거대 민주 국가인 인도도 마찬가집니다. 마지막으로 라틴 아메리카의 한 국가와 아프리카의 한 국가가 선출되어야 할 것입니다. 그 같은 개혁은 전체의 균형을 깨뜨리지 않기 위해 새로운 비상임 이사국의 확대로 완성되어야 할 것입니다.

　유엔은 결론을 내리지는 못했지만 몇 년 전부터 이 문제를 논의해 왔습니다. 이해할 수 있지만 부차적인 이유로, 세계의 각국은 21세기를 위해 꼭 필요한 이 조정 기구를 약화시켰습니다. 이제는 이 문제에 결론을 내려야 합니다. 저는 동료들을 적극 설득할 것입니다.

 새천년에 대한 비전 6

대통령의 개인적인 노정은 많은 사람들에게는 희망의 메시지이며, 또한 많은 것들이 이루어질 수 있다는 것을 보여줍니다. 그렇다면 대통령께서는 새천년을 맞이하는 젊은이들에게 어떤 충고를 해주시겠습니까?

　젊은이들에게는 모든 것이 가능하다고 말하고 싶습니다. 특히 새천년 초에 스무 살을 맞이하는 모든 사람들에게 강조하고 싶습니다. 이 말이 우리가 손쉬운 세상에 살고 있다는 의미는 아닙니다. 유엔 개발계획UNDP의 1999년 보고서가 그 사실을 표명했던 것처럼, 인간과 경제의 교환이 전례 없이 가속화하고 폭발하는 것은 불평등을 악화시킵니다.

예를 들면, 세계화의 주요한 동인들 가운데 하나인 새로운 기술에 대한 접근은 가장 불평등하게 분배되는 일입니다. 이러한 문제들을 극복하고, 세계화를 조정하기 위해, 그리고 세계화를 우리들이 깊이 의존하고 있는 인본주의적 형태에 결합시키기 위해, 국제 법규들을 제정하는 것이 점점 시급해지고 있습니다.

이런 맥락에서, 적응과 경쟁은 무시할 수 없는 현실입니다. 그래도 오늘날 젊은이들이 구체화하고 구상해야 할 것은 엄청나게 많습니다. 스무 살의 프랑스인 한 사람, 또는 독일인 한 사람 또는 영국인 한 사람은 분명히 자국의 시민일 뿐 아니라 유럽의 시민이기도 합니다. 연구와 만남, 노동의 가능성들이 계속 확대되고 있습니다. 노동에 대한 관계는 여가 활동과 가족 생활에 주어진 보다 큰 비중과 함께 늘 변모합니다. 개인 발달의 가능성들은 전례 없이 많아졌습니다. 이것이 젊은이들은 신념을 가져야 하며, 이러한 신념에 대한 방법을 스스로 찾을 것을 말하는 이유입니다. 젊은이들은 세계와 관련 있는 전문 학문을 통하여 스스로 신념을 만들어야 합니다. 또한 자신을 성숙시켜가면서 스스로를 향상시키고 문제되는 것이 무엇인지 알아야 합니다. 젊은이들은 생명이 제공하는 것에 늘 마음의 문을 열고, 변하는 관점을 받아들여야 합니다.

또한 저는 젊은이들에게 타인에 대한 존경, 아량, 각 개인의 자유와 존엄성에 대한 배려를 가장 우위에 놓으면서 자신의 지식, 정체성, 가치관을 확신해야만 21세기를 건설할 수 있다고 말하고 싶습니다.

 새천년에 대한 비전 7

두번째 천년 동안, 우리는 지구를 구성하고 있는 것들에 대해 알게 되었습니다. 오늘날 우리가 지구에 대해 아는 것처럼, 세번째 천년 말기에 사람들은 우주의 비밀을 풀 수 있을까요?

우리가 알고 있는 지구에 대한 지식도 완전하지는 않습니다. 땅속 깊숙이 들어간다든가, 대양의 심연을 잠수한다든가, 대기권에 날아오른다든가, 생태계에서 차지하는 위치를 통찰할 때마다, 매번 우리는 전제와 기준을 얻기도 하지만 한계와 불안을 느낍니다. 그럼에도, 우리들은 확실한 두 가지 사항을 깨달았습니다.

첫번째, 지구는 모두의 것이라는 사실입니다. 곧 바다, 대기, 남극과 북극, 대륙들, 생물권은 미세하든 격렬하든 서로 깊이 영향을 미치는 중요한 주인공들입니다.

두번째, 생명과 대기 모두 다른 하나가 없으면 존재할 수 없다는 사실입니다. 이 둘의 관계는 취약합니다. 우리가 잘 알고 있듯이 위험이라는 것은 최적의 상태와 결코 멀리 떨어져 있지 않습니다.

1900년 사람들은 우주에 대한 지식이 거의 없었습니다. 사람들은 태양과 별들이 빛나는 이유에 대해 무관심했고, 은하의 존재를 무시했습니다. 몇 십 년 만에, 우리들은 우주의 한 역사를 상상할 수 있었습니다. 최초의 대폭발과 은하계, 별들과 행성의 결합으로부터 시작된 팽창 현상을 알 수 있었습니다. 분명히 이러한 시나리오는 수정될 것이고 보다 자료가 풍부해질 것이지만, 언젠가 보다 완전하고 일관성 있는 경쟁자가 그것을 따라잡을 것입니다. 잠시 동안은, 우주에 대한 과학자들의 의문이 늘 대폭발 이론에서 출발할 것입니다. 그 의문들은 우주를 구성하는 기이한 대상들, 특히 태양 흑점들에 대한 것이거나, 계속되는 팽창 또는 종국의 대충돌을 향한 수축에 자리를 양보하는 팽창에 관계될 것입니다.

지구를 잘 이해하는 데 1세기가 필요할까요? 물론입니다. 우주를 이해하기 위해서는 1000년이 필요할까요? 합리적으로 생각하면, 답변을 끌어내기 힘듭니다. 시간과 공간, 물질과 진공에 대한 기본적인 개념들을 재분석하려는 어려운 문제들에 직면하여, 인류라는 종은 신중하고 겸손할 수밖에 없습니다. 하지만 동시에, 20세기의 과학적 하늘을 요동시켰던 개별적(상대성)이거나 집단적(양자역학)인 천재들의 엄청난 번득임을 기억하고, 일상에서 보여지는 분석의 능력, 재능과 상상력을 상상해보면, 인간은 강하고 신뢰를 받을 만합니다.

일본

오부치 게이조 수상
장지현 옮김

 평화

**일본은 유일하게 원자 폭탄의 공포를 체험한 나라입니다. 오늘날 세계에 핵무기가
확산되고 있는 것을 어떻게 생각하십니까?**

일본은 유일한 피폭국으로서, 제2차 세계 대전 당시와 같은 핵 참
사가 두 번 다시 반복되어서는 안 된다고 생각합니다. 따라서 핵무
기를 '보유하지 않는다, 만들지 않는다, 들여오지 않는다' 라는 '비핵
3원칙'을 준수하고, 핵확산금지조약NPT의 의무를 확실히 이행하면
서 각종 핵 준칙, 핵 확산 방지 대응을 적극적으로 하고 있습니다.

최근 핵 확산 금지 체제는 계속 새로운 도전들에 부딪치고 있습니
다. NPT의 조약국으로서 국제원자력기구IAEA의 보장 조치를 받아
들이고 있었던 이라크와 북한에 의한 핵 개발, NPT의 비조약국인
인도·파키스탄의 핵 실험은 핵 확산 금지, 핵무기 감축을 위한 국
제 사회의 대응에 크나큰 도전이었습니다.

이 같은 상황하에서는, 핵 확산 금지 체제의 강화와 핵무기 감축의
추진이 긴급한 문제입니다. 특히, 미국과 러시아에 의한 전략무기감
축협상START 과정의 가속화, 포괄적핵실험금지조약CTBT의 조기 발
효, 핵무기용핵분열성물질생산금지조약의 교섭 개시 및 조기 타결책
이 중요합니다. 일본은 이들의 실현을 위하여 온 힘을 다 쏟고 있습
니다. 최근에는 저 자신부터, 미국과 러시아 수뇌에 대하여 START
과정의 가속화와 CTBT의 추진을, 그리고 중국 수뇌에 대하여는
CTBT의 비준을 각각 편지를 통해 설득하기 시작했던 참입니다.

일본은 지금까지도 핵 확산 금지와 핵무기 감축을 위해 국제적으

로 솔선수범하고 있으며, 1994년 이래 매년 유엔 총회에 '핵무기의 궁극적 단절을 향한 핵 감축에 대한 결의'를 제출하여, 작년 총회에서도 핵보유국을 포함해 압도적인 다수의 지지를 얻었습니다.

또한 일본 정부의 발의에 의해 1998년 8월부터 행해진 '핵 확산 금지와 핵 감축에 대한 도쿄 포럼'은 4회에 걸친 회합을 거쳐 7월 25일에 이후의 핵 확산 금지와 핵 감축으로 가는 길을 제언하는 보고서를 정리했습니다. 이 보고서는 미국과 러시아가 각각의 전략 핵탄두를 1,000대까지 감축해 '핵 단절의 전진'을 실현한다는 점을 포함하여 17항목을 제언하고 있습니다. 일본 정부도 이 제언을 따라 핵 확산 금지와 핵 감축 노력을 해 나가고 싶습니다.

일본은 이처럼 현실적이고도 구체적인 핵 감축 조치를 한 발자국씩 착실하게 쌓아가는 것이 핵 감축을 위한 최선의 길이라고 생각합니다. 앞으로도 유일한 피폭국으로서 궁극적으로는 핵무기가 없는 세계를 지향하여, 앞장서서 이 같은 노력을 계속할 것입니다.

 환경

지구 온난화 현상은 우리 코앞에 닥친 문제입니다. 지구의 온도가 상승하면, 얼음이 녹고 해수면이 상승하여 몇 억이나 되는 사람들을 위협하겠죠. 이 같은 대참사를 피하기 위해 어떤 예방책을 취할 수 있을까요?

지적한 대로 지구 온난화 현상은 인류 생존에 관계되는 중요한 문제입니다. 지구 온난화의 원인은 온실 효과입니다. 현재 일본은 자체 대책, 국제 협력과 교섭 등을 통하여 이 온실 효과를 발생시키는 가스 배출량을 줄이기 위해 많은 노력을 기울이고 있습니다.

우선 온실 효과를 일으키는 가스 배출은 지구 전체에서 줄이지 않으면 안 됩니다. 각국이 모여 가스 배출을 줄이는 국제 규칙을 만들 필요가 있습니다. 이를 위해 1992년 5월 유엔 기후변화협약이 뉴욕에서 채택되어 1994년 3월에 발효되었습니다. 일본은 의장국으로서 제3회 체결국 회의를 교토에서 개최하는 등 적극적으로 참여하고 있습니다. 또한 이 교토 회의에서는 온실 효과를 야기하는 가스 배출 규제를 구체화하기 위한 교토 의정서가 채택, 가스 배출 감소를 위해 큰 진전을 이루었습니다. 이후로도 일본은 이 의정서의 조기 발효를 위해 국제 교섭의 장에서 계속 노력할 것입니다.

이러한 국제적인 노력 외에도 각국들은 가스 배출 억제 정책을 펴야 할 것입니다. 일본은 각 분야의 가스 배출을 억제하기 위한 방편으로서 1999년 4월 지구온난화대책추진법을 시행하고, 얼마 전에는 에너지절약법을 개정했습니다.

또한 선진국이 개발 도상국의 가스 배출 억제 노력에 협력하는 것도 중요합니다. 에너지 절약을 비롯하여 일본에서 개발된 기술을 개발 도상국에 도입하는 것은 개발 도상국의 기술 향상뿐 아니라 지구 전체의 온실 효과를 방지하는 데도 공헌하는 것입니다. 이처럼 일본은 ODA나 그 밖의 자금으로 개발 도상국의 가스 배출 억제를 위하여 노력하고 있습니다.

온실 효과의 원인이 되는 가스 배출을 짧은 기간에 대폭 줄이는 것은 곤란하지만, 위에서 말했던 대책 하나하나를 실천하는 것이 중요합니다.

또한 지구 온난화 현상을 해결하기 위해서는, 여러분이 이 현상에 지속적인 관심을 가지고 각자의 입장에서 문제 해결에 참가하는 것이 무엇보다도 중요합니다.

 민주주의

만약 민주 제도가 정부의 정치 형태라고 한다면, 왜 비즈니스는 민주적으로 운영되지 않는 것입니까?

이 세계에는 역사상 다양한 형태의 정치 형태가 있어왔습니다. 민주주의도 그 하나입니다. 같은 민주주의라고 해도 나라에 따라 사람에 따라 그 정의는 다를 수 있습니다. 그렇지만 오늘날 민주주의 자체를 부정하는 나라는 거의 없습니다. 민주주의가 바람직하다는 것이 널리 인식되고 각지에서 민주화에 대한 노력이 진행되고 있습니다.

왜 사람들은 민주주의가 바람직하다고 생각할까요? 그것은 민주주의가 사회 구성원인 개인을 중심으로 하는 것이고, 개인의 행복을 추구하는 데 가장 적합하기 때문입니다. 민주주의는 정치·경제·사회·문화 제도를 결정하는 데 개인의 의사 표명 및 참여를 기초로 합니다. 개인의 목소리를 낼 수 있는 사회는 인권을 보호하는 것과 깊은 관련이 있으며, 따라서 바람직하다고 할 수 있습니다.

이 때문에 전세계적으로 민주주의의 강화와 촉진, 인권과 자유의 존중이 하나의 목표가 되어 쾰른 정상 회담에서도 개발 도상국들,

현재 민주주의로 이행하고 있는 국가들에 대한 민주화를 지원하자는 공약이 확인되었습니다. 일본도 이 분야에 대한 노력을 계속할 것입니다.

비즈니스는 일정한 규범하에서 행해지고 있지만 민주주의라는 척도로 가늠하는 것이 가능할까요? 질문의 취지가 만약 비즈니스 사회에서도 민주적인 운영이 행해지는가라면 "그런 일도 있다"고 대답할 수 있습니다. 비즈니스는 적은 인원이 하기도 하지만 많은 종업원이 종사하는 회사 조직 등 다양한 형태가 있을 수 있습니다. 예를 들면 중역 회의나 주주 총회, 사원 총회 등에서 다수결이라는 민주적인 의사 결정 방법이 취해지는 일도 있습니다.

 종교

이번 세기말의 어떤 분파가 새천년 종교의 지위를 얻을까요?

오늘날 우리들은 조상들의 노력에 의하여 번영을 누리고 있습니다. 그러나 사회·경제가 눈부시게 발전하는 한편으로는 '인간에 대한 배려'나 '공중 도덕을 존중하고 지키려는 마음'의 결여 등 '정신'의 존재를 묻는 질문들이 제기됩니다. 이러한 물음은 성장하는 어린이들의 문제에 그치지 않고 책임감 있게 사회를 지탱해가는 어른들에게도 해당하는 문제입니다.

오늘날의 사회를 물질과 정신의 균형이라는 관점에서 봤을 때, 정신이라는 부분이 잊혀진 나라가 있는 것은 아닐까 하고 자문해봅니다.

이 관점에서 저는 앞으로도 정신 또는 마음의 존재에 대한 문제는 상당히 중요하다고 생각합니다. 이 정신 또는 마음의 존재와 종교는 밀접한 관계가 있지만, 원래 어떤 종교를 믿을 것인지는 개인의 문제이며, 종교를 갖지 않을 자유도 있습니다. 일본에서도 헌법에 '사상 및 양심의 자유 및 신교의 자유'가 보장되어 있습니다. 이것은 일반적으로 국가가 종교를 제한하거나 금지하는 것은, 옳지 않다는 것을 의미합니다.

일본에는 현재 종교법인법에 입각하여 종교 법인으로서 18만이 넘는 종교 단체가 존재합니다. 전세계적으로 보면 그 수는 헤아릴 수 없겠지만 말입니다. 새천년에 각 종교와 종교 단체를 둘러싼 상황이 어떠할까는, 바로 그 시대 한 사람 한 사람의 '정신'이 어떠한 상황에 있는가와 관계되는 것이 아닐까요.

어쨌든 무엇보다 중요한 것은 앞으로 어떠한 시대에서도 각 개인이 자유롭게 종교를 선택할 수 있다는 것이 아닐까요. 여러분이 알다시피 유엔의 세계인권선언에는 '사람은 모두 사상, 양심 및 종교의 자유를 가질 권리가 있다는' 법이 규정되어 있습니다. 또한 그 규정은 일본을 포함하여 세계 여러 나라의 헌법에 빈번하게 등장합니다. 몇 백 년, 몇 천 년 전에도 자신의 마음을 결정하는 것은 본인 이외에는 있을 수 없는 일이었을 테니, 앞으로도 종교와 신앙, 양심, 사상의 자유가 최대한 존중되는 시대가 계속되기를 바랍니다.

 사회

기술의 진보에 따라 경제가 부를 창출하는 데 점점 사람에 대한 의존도가 낮아지고 있습니다. 이렇게 늘어나는 실업자를 위해 무엇을 할 수 있을까요?

　사람 손에 맡기고 있던 일을 기계화해가면서 지금까지 적은 노동력으로 부의 생산이 가능해지는 경우가 적지 않았습니다.

　그러나 한편으로는 경제가 성장함에 따라 새로운 재화와 서비스 제공이 가능해지거나 사람들의 기호가 다양해져 새로운 수요가 생길 여지가 발생하기도 합니다. 이 때문에 기술의 진보가 '반드시' 실업자의 증가로 이어진다고 할 수는 없습니다. 일본에서 기계화·전자화 등의 기술 진보는 생산력 향상에 동반되는 가격의 하락으로 소비 확대를 초래하고 나아가서는 고용 확대로 연결되었습니다.

　그렇다고는 하지만 물론, 노동자가 기반이 되는 새로운 산업으로 이동하기까지는 일반적으로 실업자가 증가할 가능성이 있습니다. 이 때문에 이러한 구조 조정이 부드럽게 진행되도록 정책적 조치를 취해야 합니다. 이 점은 G7 국가들의 수뇌도 주지하고 있는 사실입니다. 따라서 쾰른 정상 회담에서도 실업 문제를 가장 긴급한 경제 문제의 하나로 주목하고, 그 해결을 위해 고용 확대를 위한 적절한 정책 형성의 중요성을 재확인했습니다. 최종적으로는, 지속 가능한 성장과 고용 창출을 위한 기초를 강화하기 위하여 첫째, 최종 실업자가 노동 시장으로 돌아오도록 하는 구조 개혁의 촉진, 둘째, 안정과 성장을 위한 미시 경제 정책의 추구 및 금융 정책과 재정 정책의 적절한 균형 확보라는 두 가지 점을 강조했습니다.

일본 정부도 예전부터 '규제 완화 추진 3개년 계획'이나 '경제 구조의 변혁과 창조를 위한 행동 계획' 등 규제 완화와 새로운 산업 창출에 연결되는 환경 정비를 통하여 구조 조정이 원활하게 행해지도록 노력해오고 있습니다. 뿐만 아니라 현재 일본 정부는 의료·복지와 정보 통신, 환경, 바이오테크놀로지 등 성장이 전망되는 분야에서 새로운 산업의 창출, 고용 창출, 원활한 인재 이동 등의 지원책을 쓰고 있습니다. 또한 임시 응급 조치로서 정부와 지방 자치 단체에서도 고용·취업 창출에 대한 책임을 꾀하도록 했습니다. 다시 말하면 재취업을 한층 촉진하여 안전책으로서 유효하게 기능하게 하고 고용 보호에 대한 개혁을 검토하는 등 환경 정비에 노력해갈 계획입니다.

 과학

1000년이 다가올 무렵 사람들은 종말이 가까웠다고 믿었습니다. 2000년을 맞으면서 우리들은 Y2K를 두려워하고 있습니다. 그렇다면 3000년을 맞을 때 사람들은 무엇을 가장 두려워할까요?

과학은 우리들에게 멋진 발전과 더불어 위험을 초래해왔습니다. 오늘날 우리들 주변을 둘러보아도 Y2K 문제를 비롯하여 과학 발전으로 초래된 새로운 문제가 적지 않다고 생각합니다. 예를 들면, 생활의 향상과 인구 문제, 개발에 의한 환경 오염, 에너지 부족과 안전하고 깨끗한 에너지의 추구라는 문제, 유전자·생명공학의 진보와 생명윤리의 문제 등이 있습니다.

　그러나 이들 가운데 어느것도 3000년까지 커다란 불안으로 존재하지는 않을 것입니다. 아득히 먼 시간부터, 우리들은 직면한 문제들을 항상 해결해왔기 때문입니다. 그것 또한 과학의 발전에 의한 것이었습니다. 미래의 사람들에게도 불안은 존재하겠지만, 그것은 바로 서기 1000년의 사람들이 컴퓨터의 존재를 예측하지 못했듯이 오늘날의 우리들은 상상조차 하지 못한 것일 것입니다. 1000년 후의 세계가 우리들이 예측할 수 있을 정도로 변화가 결여된 세계라고 한다면 그 자체가 인류에게는 비극입니다. 철학자 니시다西田幾太郞가 일찍이 말했듯이 "우리들은 50년 후의 미래조차 예측할 수 없고" 또한 그러해야 할 것입니다.

　그럼에도 불구하고 단 한 가지 이야기할 수 있는 것이 있습니다. 서기 1000년에 세계의 종말이 가깝다고 두려워한 것이 당시 사람들 전부는 아니었습니다. 적어도 일본인을 포함한 비유럽인의 대부분은 서기 1000년의 존재조차 알지 못했습니다. 그러나 2000년 Y2K 문제는 우리들 모두가 직면하고 있는 인류 존속의 문제입니다.

　이 1000년의 사이에, 우리들은 자신들이 흩어진 존재가 아니라 하나로 결성된 인류라는 확신을 점점 강화해가고 있습니다. 이 확신은 1000년 후의 세계에서도 계속될 것입니다. 서기 3000년 불안의 실체가 무엇이든 그것이 우리 인류가 공유하고 함께 해결할 것이라는 점에 대해서는 지금부터 단언할 수 있습니다.

 경제

G7 회원국들이 지구 미래에 대한 주된 결정들을 도맡아 하고 있습니다. 그렇다면 G7이 안전보장이사회로 바뀌어야 하는 게 아닐까요?

본래 선진국 서미트는 1970년대 초 석유 위기에 놀란 서방 선진국의 정상이 한자리에 모여, 세계적 경제 혼란을 맞아 솔직한 의견 교환을 통해 대응책을 내자는 뜻에서 출발했습니다. 정치 문제는 유엔에 맡기고, 선진국 서미트는 오로지 경제 문제를 의논하는 장으로 하는 것이 타당하다는 의견이 지배적이었습니다만, 때때로 정치 문제도 취급하게 되었습니다. 이 같은 변화는 정치권 및 군사권에서는 대국이어도 아직 경제력은 크다고 할 수 없는 러시아가 G8의 새로운 구성원으로 참가를 인정받게 된 경위로도 상징됩니다.

이번에 캄보디아 문제에서 G8 외상 회담을 비롯한 G8 지도력에 의해 해결의 길이 열렸던 것처럼, G8이 새로운 질서 형성을 위하여 담당해야 할 역할은 극히 중요합니다. 저는 이것을 높이 평가합니다. 일본도 G8의 일원으로서 캄보디아 문제에 공헌을 했습니다. 동시에 최후의 단계에서 평화를 향한 길을 굳힐 수 있는 것은 유엔 안전보장이사회가 채택한 결의에 힘입은 바 큽니다. 이후 평화 이행에서도 유엔이 중요한 역할을 할 것입니다.

따라서 G8이 안전보장이사회로 바뀌어야 하는 게 아니라 G8과 유엔 안전보장이사회 쌍방이 상호 제휴하여 이러한 문제에 현실적으로 대응해가는 것이 중요합니다.

단, 캄보디아 예에도 보듯이 유엔의 역할이 작아졌다고는 생각지 않습니다만, 이번 경험은 유엔의 분쟁 대응 능력을 강화하기 위하여 안전보장이사회의 개혁 필요성을 보여주었다고 생각합니다. 일본은 유엔을 중심으로 세계 평화를 위해 공헌해가는 것을 외교의 큰 기둥으로 삼고 있습니다. 유엔 안전보장이사회가 빠르게 개혁할 수 있도록 적극적으로 대응하겠습니다.

 새천년에 대한 비전

새천년에 대해 갖는 미래상은 어떤 것입니까?

첫번째 천년을 산 당시의 사람들이 두번째 천년에 대한 비전을 그리는 것이 거의 불가능했듯이, 지금의 우리들이 세번째 천년 전체에 대한 비전을 제시하는 일은 상당히 곤란합니다. 100년 후의 세계를 예측하는 일도 어려운데, 다음 천년의 전체상을 구체적으로 그린다는 일은 거의 상상을 초월한 것이라고 말하지 않을 수 없군요.

그러한 전제와 한계를 분명히 밝힌 상태에서, 제 생각을 말씀드리겠습니다.

첫번째, 자유와 민주주의, 인권의 존중은 새천년에도 중요합니다. 이들은 두번째 천년 후반에 생겨나 발전한 개념이지만, 시간과 장소를 초월하는 보편적인 가치이며, 미래의 인류 사회에서도 같은 가치를 가지고 있을 것이라고 확신합니다. 단, 2000년까지는 이것이 지구 전체에서 공유되지는 못했습니다. 따라서 새천년에는 이 위대한 유산이 받아들여지고 높은 단계에서 언제 어디서나 당연한 것으로 받아들여지기를 바랍니다.

두번째, 인류의 미래를 좌우하는 요인으로 과학 기술의 진보를 들 겠습니다. 과거에 그러했듯이 과학 기술의 진보는 생활의 풍요로움, 쾌적함을 증진시키는 등 헤아릴 수 없는 공헌을 해왔습니다. 과학 기술의 진보는 앞으로도 더욱 가속화하면서 상상도 하지 못한 장족 의 발전을 이루어 나갈 것입니다. 앞에서 이야기한 자유·민주주의 라는 이념의 분야와 대조적으로, 이 분야는 지금부터 1000년 후에 어떠한 모습일지 현재의 우리들은 상상도 할 수 없습니다.

반면 과학 기술의 진보에 의해 초래된 산업 사회는 생활의 쾌적 함, 풍요로움에 공헌해왔지만, 환경 문제를 비롯하여 다양한 과제를 우리들에게 부과했다는 점 역시 직시하지 않으면 안 됩니다. 현재의 우리들에게 부과된 이들 과제 가운데 많은 부분들이 다음 시대에도 반복될 것 같습니다. 그러나 조상들과 우리들이 여러 가지 어려움을 극복해왔듯이 우리들의 자손도 지혜를 모아 이 곤란한 문제를 극복 하리라고 믿습니다.

저는 이러한 미래를 대비하여 사회의 활력을 유지하면서 새로운 환경을 자손에게 물려주고, 사람들의 생명과 안전한 생활을 지키는 '인간의 안전 보장' 확립이 중요하다고 생각하고, 다양한 장에서 호 소해왔습니다. 지구상의 한 사람 한 사람이, 물질적으로도 정신적으 로도 풍부함을 실천할 수 있는 생활이 지속적으로 운영되는 활력이 넘치는 인류 사회의 실현을 지향하지 않으면 안 됩니다.

그것을 위해 우리들 한 사람 한 사람이, 과학 기술의 진보를 위하 여 또는 정신 문화의 고양을 위하여 또는 국제 협력의 담당자와 지

역의 자원 봉사자로서 적극적이고 창조적인 역할을 다해갈 필요가
있습니다. 특히 유연하고 힘있는 정신을 가진 '미래의 주인공' 젊은
이들에게 큰 기대를 품고 있습니다.

캐나다

장 크레티앵 총리
박재환 옮김

 평화

유엔이 개입해야 하는 분쟁들이 점점 많아지고 있습니다. 세계 질서는 영원히 군사력에 의존해야 합니까?

국가들 사이의 무력 충돌 또는 특정 국가의 내전을 종식시키는 데 한 가지 방법만 있는 것은 아닙니다. 국제 군사력의 개입은 여러 해결책들 가운데 하나일 뿐입니다. 캐나다 입장에서 보자면, 마지막 카드일 뿐이죠.

외교와 국제 협력은 아주 멀리 있는 선택 사항으로밖에는 보이지 않습니다. 성공 가능성이 매우 낮아보이기 때문입니다.

실제로, 국제 공동체는 각 분쟁의 성격에 따라 대처 방안을 결정해야 합니다. 개입의 첫 단추로 항상 외교가 그 모습을 드러내지만 제 능력을 발휘하는 경우는 드물죠.

불행하게도, 외교로는 충분치 못한 경우가 있습니다. 이러한 상황에서 국제 공동체는 다양한 방법을 사용합니다. 물론 그 방법들 가운데 정치 · 경제적 제재, 관련 국가들에 대한 고립 등을 채택하기도 합니다. 그럼에도 불구하고 매번 우리들은 당사국들 사이에 무장 군인들을 개입시키지 않은 채 그 분쟁이 해결될 수 있기를 희망합니다.

개입이 필요하다고 판단될 때, 주둔하는 국제적 힘은 명확한 목표들에 근거한 분명한 권한을 보유해야 합니다. 다국적군의 권한은 유엔이나 다른 다수 국가들의 조직이 부여한 것이어야 합니다. 드물지만, 위기를 해결하도록 위임받은 주도권이 아프리카 통일 기구OAU 같은 지역 기구로부터 유래하기도 합니다. 이럴 때 국제 공동체는 분쟁이 악화되거나 지역적인 해결이 명확하고 보다 광범위한 파트너들의 지지를 필요로 할 때만 개입해야 합니다.

캐나다는 평화 유지를 위한 여러 활동에 참여하여 견고한 명성을 얻었습니다. 1949년 이후 유엔의 깃발 아래 조직된 40여 개의 활동에 10만여 명을 참여시켰습니다. 뿐만 아니라 그때 가능한 한 능동적으로 참여하도록 노력했습니다.

캐나다는 오래 전부터 분쟁들을 평화적으로 해결하려고 노력했습니다. 유엔이 창설된 이후부터 적극적으로 참여했을 뿐 아니라, 영연방·북대서양조약기구·프랑스어사용국제기구 등과 같은 다른 기구들에도 참여하는 등 평화를 유지하고 건설하는 모든 노력에 앞장서 왔습니다.

평화의 건설은 캐나다 외교 정책의 기본 요소입니다. 캐나다가 국제 분쟁에 개입하는 목적은 분쟁의 관리보다 예방에 있으며, 갈등을 해결하는 전통을 강화하고 정착하는 것이 목표입니다. 또한 사회적·경제적 변화가 급변하는 사회에서 갈등의 해결을 위한 효과적인 제도를 마련하는 데 그 목적을 두고 있습니다.

캐나다는 1996년 '평화 정착을 위한 캐나다 발의'를 통해 이러한 노력을 새롭게 확인한 바 있습니다. 이 발의의 목적은 평화 정착에 대한 캐나다의 능력을 공고히 하고, 이 분야에서 캐나다가 주도적으로 국제 참여를 강화하면서 평화와 안정을 향해 노력하는 국가들을 지지하려는 데 있습니다.

캐나다 정부와 유엔은 장기적으로 평화와 지속적인 발전의 토대들, 다시 말해 강력한 시민 사회, 민주주의, 인권과 자유에 대한 존중, 빈곤의 퇴치, 개발 과정에 대한 여성 참여 등을 다지기 위해 다른 국가들과 협력할 것입니다.

이를 위해 여러 분야의 전문가들이 어렵지 않게 모일 수 있어야 합니다. 해가 감에 따라 경찰들, 법의학자들, 검사들, 사법부의 판사들, 그리고 군인들은 각 분야의 전문가로서 민주주의의 강화를 위한 캐나다의 노력에 참여할 것입니다. 그러한 조직이 상설적으로 운영되어야 할까요? 그것은 앞으로 논의되어야 할 문제입니다.

분쟁 예방을 위한 유엔의 상설 기구 설립에 캐나다는 주도적인 역할을 했습니다.

또한 캐나다는 위기 상황이 발생했을 때 국제 공동체가 신속하게 대응하는 능력을 증진시키기 위한 정책에도 참여하고 있습니다. 1995년 캐나다는 유엔 총회에 '유엔 평화의 실행, 빠른 대처 능력을 향해'라는 보고서를 제출했습니다. 그후, 유엔은 부분적이든 전체적이든, 캐나다의 스물여섯 개 권고안들 가운데 열아홉 개를 실행에 옮겼습니다.

이 스물여섯 개의 권고 사항들 가운데, 가장 중요한 것은 '빠른 개입을 위한 임무 수뇌부EMDR'의 창설이었습니다. 코피 아난 유엔 사무 총장이 유엔 내부의 개혁을 위한 그의 분석 보고서에서 밝혔던 것처럼, 빠른 개입은 위기 대처 능력 향상에 필수적입니다. EMDR 같은 구체적인 발의들은 유엔의 능력을 강화시킬 수 있으며, 그 결과 평화 유지 같은 부분에서 국제 공동체의 능력을 강화시킬 수 있습니다.

유엔 활동에서 시민 경찰의 역할이 점점 커지고 있습니다. 시민 경찰관들은 평화가 자리잡을 때까지 군 당국과 민간 당국 사이의 중개자 역할을 하기 때문입니다.

마지막으로 덴마크의 주도로 구성된 '유엔 BIRFA(출동 대기 여단)'은 유엔 총회의 캐나다 권고안 가운데 '전위'의 개념에 그 근거를 두고 있습니다. BIRFA란 주어진 상황이 통제 불가능해지기 전에 빠르게 배치시키기 위해 구상된 군사력입니다. BIRFA의 구성은 유엔이 개입을 요청할 때까지 각국의 명령을 받는 유엔의 '신속 대기군에 대한 배치'에 따릅니다.

캐나다는 평화의 정착과 외교 활동의 광범위한 임무를 완수하기 위해 유엔과 계속 협력해갈 것입니다. 평화를 정착시키는 데 가장 좋은 방법은 항상 능동적으로 참여하는 것입니다.

 환경

세기 초 지구의 인구는 10억 정도였습니다만, 현재는 60억에 이릅니다. 앞으로 인구는 얼마만큼 증가할까요? 또 얼마만큼 증가할 수 있을까요?

대답하기 곤란한 질문이군요. 수많은 인구학자들이 이 주제에 대해 질문을 던졌습니다만 어떠한 합의도 이끌어내지 못했습니다. 하지만 한 가지는 분명합니다. 지구의 인구가 이 세기의 마지막 몇 해 동안 엄청나게 증가했다는 것인데, 현재 하루 23만 명씩 증가하고 있습니다.

저는 오히려 모든 인류에게 적당한 생활 조건들을 제공할 수 있는 능력에 대해 질문을 해야 한다고 생각합니다. 다시 말해 사람들에게 적합한 주거지, 깨끗한 음식물, 충분한 학교 교육, 건강과 쾌적한 환경을 보장할 수 있는 가능성에 대해 생각해봐야 하는 것은 아닐까요?

진정한 도전은 바로 거기에 존재합니다. 이러한 관점에서 보자면, 세계 인구의 증가가 순수하게 인구의 문제만으로 보이지는 않습니다. 오히려 발전의 문제로 다가옵니다. 게다가 국제적 단위의 비교는 저개발과 인구 과잉의 관계가 밀접하다는, 최빈국들이 종종 인구 증가율이 가장 높은 국가라는 것을 잘 보여줍니다.

몇 년 전부터, 인구 과잉 문제에 대한 해결책은 산아 제한과 가족 계획에 있다고 말합니다. 그와 같은 프로그램이 정착된 곳에서, 그 결과들이 드물기는 하지만 효과적이었다는 것은 사실입니다. 하지만 인구 증가가 지연된다는 것이 인구가 증가하지 않는다는 것은 아닙니다.

오히려 우선 고려해야 할 것은 모든 사람에게 가장 좋은 생활의 질을 보장하는 것입니다. 저개발은 계속해서 사람들을 배제시킬 것이며, 그들이 가장 필수적인 혜택을 받는 것조차 방해할 것입니다. 물론 저개발의 문제를 해결한다고 가난한 사람의 수를 줄이지는 못할 것입니다.

그들에게는 사회의 여러 혜택을 비롯하여 교육과 연수의 기회를 주고, 새로운 경제 전망을 창출하여 보다 부유해질 수 있는 기회를 제공해야 할 것입니다. 자국민들의 생활의 질을 향상시키는 데 투자하도록 빈국들의 부채를 줄이거나 탕감하도록 캐나다가 주도해 나가는 것도 이 목표를 위해서입니다.

 민주주의

지구에는 남자들만큼이나 여자들도 많습니다. 그런데 왜 정치에는 그렇게 여성의 수가 적습니까?

"여자들이 하늘의 반을 지탱한다"는 중국 속담이 있습니다. 그럼에도 불구하고, 공공 생활 속에서 보면 남자와 여자의 수 사이에 엄청난 불균형이 존재합니다. 왜 그렇죠? 세계적인 측면에서 보면 종교·관습 등 풍습에서 문화에 이르는 수많은 이유들 때문입니다.

만족할 만한 수준은 아닙니다만, 캐나다는 다른 국가들보다 여성의 정치 참여 비율이 높습니다. '유엔개발계획UNDP'인 인간 개발 지수HDI에 따르면, 캐나다가 가장 높습니다. 유엔개발계획은 또한 각 국가들이 여성의 평등을 어느 정도 보장하고, 그들에게 어느 정도의 전망을 갖게 하는가를 측정합니다. 캐나다가 이들 주제들과 관련해 점차 향상되어왔다는 것은 고무적인 일입니다. 캐나다는 3년 연속 성별에 적합한 개발 지수에서 최고의 대열에 분류되었습니다. 1999년 보고서에서는, 특정 국가의 경제와 정치 생활에서 여성의 활동 정도를 측정하는 여성의 자격 부여에 대한 분류에서 네번째였습니다. 그전에는 일곱번째였습니다.

캐나다 연방 마지막 총선거에서, 301명의 의석 가운데 62명의 여성 의원이 하원에 선출되었고, 최근에는 아드리엔 클락슨이 당선되면서 국가 원수 기능을 맡은 두번째 여성이 되었습니다. 또한 저는 23명의 여성을 캐나다 상원에 지명했습니다. 이것은 캐나다 역사상 다른 모든 수상이 한 것 이상입니다. 현재 105명의 상원 가운데 32

명이 여성입니다.

새천년이 다가옴에 따라 캐나다는 집단 공동체 내에서, 그리고 정치의 진전 과정 속에서 여성의 역할을 확대하기로 결정하였습니다.

 종교

종교는 민주주의의 장애물입니까?

종교와 민주주의의 문제는 광범위하고도 복잡합니다. 그리고 그 오랜 역사만큼이나 두번째 천년이 끝나는 지금까지도 서로 밀접하게 관련이 있습니다.

이 문제는 정치 이론적 관점, 철학의 관점, 역사의 관점 같은 여러 각도에서 접근할 수 있습니다.

여기서 하나의 관점을 도출해낼 수 있다는 주장은 하지 않겠습니다. 단지 보다 간단한 몇몇 숙고로 만족할 것입니다. 이러한 생각들은 정신의 중요성과 민주주의의 장점이 서로 관련 있다는 깊은 확신으로 시작됩니다.

문제는 종교가 민주주의의 장애물인가 하는 것입니다. 겉보기에는 둘 사이에 아무런 문제도 없습니다. 이러한 관점에서 보자면, 신앙과 민주주의가 상호 보완 관계라고 말할 수 있을 것입니다.

흔히 민주주의의 질은 소수가 누리는 것에 대한 존경의 정도로 측정된다고 합니다. 민주주의는 반대자들의 의견과 사상을 받아들이면서 모든 사람의 발전을 촉진합니다. 이러한 차이에 대한 존중(특히 종교적 입장에서, 몇 세기가 지나면서 빛이 바래긴 했지만 모든 인간 존재의 평등을 의미하는 지지 요소들 가운데 하나)은 민주주의의 기본 요소입니다. 서로 다른 신앙을 가진 사람들 사이에 평등이 없다면, 어느 누구도 종교의 자유를 말할 수 없을 것입니다. 그리고 종교의 자유가 없다면 정치적 자유도, 민주주의도 존재하지 않습니다.

이런 면에서 보면 민주주의는 가치관의 다양성에서 많은 자양분을 얻고 있습니다. 서로 다른 사상과 의견들, 정치 토론 속에서 가치관의 다양성을 고려한다는 것은 민주주의가 발전시키고 시민들의 열정을 반영하면서 채택되어온 요소들입니다. 이러한 집단들 내에 고유한 다양성이 자유롭게 표현되지 못한다면 정치 제도들은 자신들이 통제하는 사람들을 대표하지 못할 것입니다. 종교적 믿음은 해당 집단들이 민주주의의 토대들을 받아들일 때 민주적 이상의 밑거름인 가치관과 사상들의 일체가 됩니다.

종교와 민주주의 사이에는 어떠한 모순도 존재하지 않지만, 최근까지도 역사는 그것이 사실과 다르다는 것을 보여주었습니다. 실제로 종교는 많은 분쟁들의 근원이자 인간 역사에서 수많은 폭력과 고통의 근원이기도 합니다.

하지만 종교가 오늘날 민주주의에 대한 어떤 위협 대상은 아닙니다. 문제되는 것은 제대로 정착되지 못한 곳에서 민주주의를 뒷걸음질치게 만드는 극단적인 종교 형태들입니다.

시각을 돌려보면 최근의 문제는 불안한 균형에 있습니다. 세계화를 야기시키는 냉전의 종식과 경제나 기술의 급격한 변화는 인류를 위해 유익한 현상들입니다. 그 현상 속에 어두운 현실이 녹아 있는 것도 사실입니다. 격변하는 세계 속에서 새로운 기회를 잡는 대신, 일부 개인들이나 집단들은 전통적이고 극단적인 가치관에 집착하면서 자신들의 신분을 확고히 하려고 노력하고 있습니다. 이런 현상에 맞서는 종교적 자유들은 특히 취약합니다. 종교의 자유에 대한 침해는 거의 공식적이고 조직적으로 나타나는데, 보통 국가에서 승인한 차별을 무자비하게 가하는 형태를 띱니다.

따라서 세계의 몇몇 곳에서 종교적 근본주의는 인간 자유와 존엄성에 대한 위협으로 나타납니다. 이 사실에 대한 관심이 세계적으로 점점 커지고 있습니다.

전세계적으로 자유를 확산시키는 것이 캐나다 외교 정책의 가장 중요한 방향 가운데 하나입니다. 이민의 땅인 캐나다에는 세계의 모든 민족들이 모여 살고 있습니다. 다양성에 대한 존중과 아량은 캐나다의 정체성에 필수적입니다. 이러한 가치관들에 대한 표현이 캐나다의 제도·법률·노래·문학에 나타나며, 심지어는 세계에서 캐나다가 차지하는 비중과 국가의 미래상 속에서도 찾아볼 수 있습니다. 이 땅에 사는 모든 사람들이 나름의 방식대로 국가 발전에 공헌하지 않았다면, 오늘날의 캐나다는 존재하지 못했을 것입니다.

캐나다는 유엔이 종교적 관용에 대한 특별 보고자의 자격으로 수행하는 작업들을 강력하게 지지합니다. 캐나다는 종교에 근거한 모든 형태의 차별을 배제하려는 유엔 선언의 주역들 가운데 하나였으며, 그 목적들을 달성하기 위해 끊임없이 노력하고 있습니다. 또한 캐나다는 유엔 인권위원회의 작업 체제 내에서만큼이나 유엔 총회에서도 종교적 차별을 비난하는 수많은 해결책들을 입안했습니다.

유엔 인권위원회의 특별 보고자인 아비델파타 아모르는 종교 분야에 대해 최소한의 위태로운 경향을 지적합니다. 그는 종교적 소수 (특히 새로운 종교 운동 또는 종파와 같은 인정되지 않은 공동체에 대하여)에 반대되는 정치가 점점 이루어지고, 종교적 소수에 대하여 비국가적 실체들의 비관용도 늘어나고 있는 것을 발견했습니다.

종교적 자유의 방어는 모든 인간 존엄성의 근원인 인권에 대한 존중을 위한 투쟁과 일치합니다. (문화적이고 종교적인 용인의 형태로) 캐나다는 종교적 자유의 관점에서 보면 근본적인 관용의 가치관과 다양성의 존중을 증진시키기 위한 노력을 위해 자리를 잘 잡고 있습니다.

 사회

인류는 천연두 같은 치명적인 병들을 근절시키는 데 성공했습니다. 하지만 문맹을 퇴치시키지는 못했습니다. 어떻게 된 일이죠?

천연두 같은 악령과 투쟁할 때, 인류는 단 하나의 적과 싸웠습니다. 명확하게 그 모습을 드러내지 않는 교활한 적이 대적하기 더 어려운 법이죠. 하지만 어느 정도 우연의 힘을 빌리기는 했습니다만 여러 해 동안의 연구 끝에 사람들은 그 정체를 파악하여, 그 얼굴을 알게 되었습니다.

사람들은 한 번 치료법을 발견하면, 백신을 만들고 복용시킵니다. 학교나 병원에서, 동떨어진 공동체에서는 일일이 집을 방문하여 예방 접종을 합니다. 이러한 방법으로 무서운 병들을 퇴치해왔습니다.

천연두의 첫 백신은 1798년에 발명되었지만 이 병을 절멸시키는 데는 180년이나 소요되었습니다. 천연두 같은 적을 물리치는 데 필요한 모든 조건들을 갖추기 위해서는 많은 시간이 듭니다. 모든 국가들의 협력과 전문가들의 협조도 필수적입니다. 또한 엄청난 자금도 필요합니다.

천연두를 퇴치하는 데 오랜 시간이 걸린 것처럼 문맹을 퇴치하는 데도 엄청난 시간이 필요할 것입니다.

여러분들은 알파벳을 배우고 쓰는 데 들었던 수많은 시간을 기억할 것입니다. 단어를 구성하는 문자와 문장, 그리고 그 안에 내재된 생각들을 해독해낼 수 있기까지 많은 시간이 필요했다는 것도 기억할 것입니다.

배우는 데 소비했던 시간만큼이나, 가르치는 데도 많은 시간이 소요되었습니다. 우리들에게는 연습장과 책들, 연필과 공책이 있고, 자유로운 시간이 있습니다. 그런데도 읽고 쓰는 것을 배우려면 몇 년 동안 매일매일 조금씩 해야 합니다.

많은 가난한 나라에서는 아직도 아이들이 가족을 부양하는 부모를 돕기 위해 일을 해야 합니다. 이러한 현실에 맞는 해결책을 찾지 않으면 안 됩니다. 예를 들면, 인도에는 어린 여학생을 위한 기숙사가 있습니다. 그 아이들은 아침에는 수업을 받고, 오후에는 시장에 팔 물건들을 만듭니다. 그 아이들은 스스로 공부하고 직업 교육을 익히면서 가족을 도울 수 있습니다.

이러한 예는 각국의 현실에 맞는 문맹 퇴치 프로그램을 채택할 필요가 있다는 것을 가르쳐줍니다. 경제 빈국에서는 문맹 퇴치가 종종 부차적인 문제에 지나지 않기도 합니다. 다른 해야 할 일들, 특히 식량·주거·건강 문제 등이 엄청나게 많기 때문이죠. 이러한 나라의 아이들에게는 생존이 무엇보다 급선무입니다. 먹을 것을 사는 것과 글자를 연습하기 위해 새 공책을 사는 것 사이의 선택은 절실한 것이 무엇인가를 생각하게 해줍니다. 부유한 국가에서도 또 다른 문제가 나타날 수 있습니다.

문맹 퇴치 같은 도전들에 하나의 해결책만 있는 것은 아닙니다. 해결책들은 개인적이기도, 집단적이기도 합니다. 공동체에서 단 한 사람만 문자 교육에 성공했을 때는 개인적인 것입니다. 하지만 한 국가 또는 한 집단이 가능한 한 많은 사람들에게 글자를 익히도록 하는 계획을 실현했을 때, 그것은 집단적인 것입니다.

현재 전세계를 통해 수십 억의 사람들에게 읽고 쓰는 법을 가르치기 위한 여러 해결책들이 실용화되고 있습니다. 캐나다는 이러한 국제적 노력에 참여하고 있습니다.

이러한 노력에 힘입어, 오늘날 열 명 가운데 여덟 명은 읽고 쓸 줄 알게 되었습니다. 50년 전에는 열 명 가운데 네 명이 약간 넘는 정도만 읽고 쓸 수 있었습니다.

읽고 쓰는 것은 교육의 기초입니다. 그리고 교육은 자유롭고 성숙한 삶의 기본입니다. 우리들은 그러한 생활을 누릴 권리가 있습니다만 불행하게도 모든 사람들이 똑같은 기회를 부여받은 것은 아닙니다. 바로 거기에 우리가 직면한 도전들이 있습니다.

과학

어떤 유성이 인류를 멸망시키려 위협한다면, 우리는 무엇을 할 수 있을까요? 별들의 전쟁에 대한 생각은 영화관 바깥에서 어떤 의미를 가질 수 있습니까?

1년 전부터 지구와 충돌 가능한 궤도를 도는 행성에 대한 영화가 많이 만들어졌다는 것을 알고 있습니다. 이 영화들이 쓸데없이 젊은 이들에게 불안감을 조성하지 않길 바랍니다. 지구가 보다 거대한 구조 속의 작은 행성이며 우리가 살고 있는 우주가 거대하다는 것은 분명히 알고 있어야 하지만, 지구와 다른 행성이 충돌할 확률은 매우 낮습니다. 게다가 우리 생애, 또는 우리 손자의 생애나 손자의 손자의 생애 동안에 일어날 확률은 희박합니다.

그와 같은 위협이 현실화될 때 인류가 이룩해놓은 과학적이고 기술적인 발전이 어느 정도인지 예측할 수 없기 때문에, 우리 인류가 어떻게 반응할지 예견하는 것 또한 불가능합니다. 그러한 위협(그 위협이 어떠한 형태의 것이든)에서처럼, 하나의 문제를 해결하기 위해 오랜 시간 고민하면 할수록 많은 시간을 소비하게 됩니다. 학자들은 끊임없이 하늘을 주시합니다. 그리고 매년 하늘을 관찰할 수 있는 인간의 능력은 향상됩니다. 기구들이 더 좋아지면서, 우리들은 우주 공간에서 더 먼 곳을 관찰할 수 있으며, 그러한 사실은 우리에게 안전에 대한 사유의 폭을 깊게 해줍니다.

만일 인류 전체가 위협받는 일이 발생한다면, 그 물음이 암시하는 것처럼 국제 공동체는 어떤 해결책을 찾기 위해 협력할 수 있도록 지구상에서 가장 뛰어난 사람들을 모을 것입니다. 국가들 사이의 알력과 적대감들은 보다 중대한 위협 앞에서 사라지게 될 것입니다.

저 역시 이러한 영화들을 보았지만, 젊은이들이 오락과 과학을 지나치게 혼동하지 않기를 바랍니다. 우주와 천체에 대해 배울 수 있는 우수한 대학들과 연구소들이 많이 있습니다. 우주와 천체는 매우 흥미 있는 분야입니다. 저는 젊은이들이 개인적으로든 인터넷을 통해서든, 실습 장소를 방문할 수 있도록 장려할 것입니다. 거기에서 젊은이들은 자신들이 알고 싶어했던 것들에 대한 해답을 찾을 수 있을 것이며, 또한 새로운 놀이 혹은 자신들의 새로운 이력을 발견하게 될 것입니다.

 경제

새천년에도 국영 기업들이 여전히 존재할 수 있을까요?

대기업과 중소 기업들을 위한 자리는 항상 존재할 것입니다. 기업정신, 그리고 어떤 것을 향상시키고 혁신시키려는 욕망은 인간 정신의 필수 불가결한 요소입니다.

세계화에 대한 캐나다 내부의 반응은 다른 나라와 비슷하다고 생각합니다. 어떤 국가는 위협으로 간주하고, 또 어떤 국가들은 찬사를 아끼지 않습니다. 하지만 세계화는 선택 사항이 아닙니다. 바로 현실입니다. 따라서 우리들은 세계화에서 얻을 수 있는 게 무엇인지 알려고 노력해야 하며, 믿음을 갖고 변화를 준비해야 합니다.

국가간의 무역 장벽이 조금씩 사라질 것이며 초국가적인 거대 기업들이 존재하는 한편, 새로운 기술들은 중소 기업들을 번창하게 할 것입니다. 거대 기업들이 모든 것을 다 할 수는 없습니다. 통신 기술의 혁명으로 많은 사람들은 특화된 소기업들, 더 나아가 인터넷 덕분에 세계로 뻗어 나갈 '장인적인 산업'들을 세울 수 있게 되었습니다. 가장 검소한 사무실은 자신의 집 안이 될 것입니다.

시장의 세계화가 중소 기업들의 발전에 장애가 된다는 것은 그릇된 생각입니다. 실제로 ALÉNA와 유럽 경제위원회ECE 같은 무역 블록의 형성은 소기업들에게 전에는 접근할 수 없었던 시장을 제공했습니다.

캐나다 정부가 국제 협력 프로그램으로 지지한 '마이크로크레디트'의 출현에 개발 도상국들이 참여하고 있습니다. 마이크로크레디트는 전통적인 은행의 대출을 받을 수 없을 만큼 소기업들에게 아주 작은 돈을 빌려줍니다. 그들이 소규모 사업을 시작할 수 있도록 은행 대출과 비슷한 이자율로 돈을 빌려주는 것은 매우 효율적인 정책으로 증명되었습니다.

10억 이상의 사람들이 하루에 1달러 미만을 가지고 살아갑니다. 동물과 연장, 또는 설비들을 사기 위한 적은 액수의 대출들은 그것을 필요로 하는 사람들을 위한 일자리를 창출합니다. 오늘날 가장 잘 알려진 마이크로크레디트의 예는 방글라데시의 지라민 은행입니다. 200만 이상의 사람들에게 돈을 빌려준 이 은행은 재산을 담보로 하지 않은 채 방글라데시 농촌의 가장 가난한 사람들에게 신용 대출해주었습니다. 현재 캐나다는 1억 달러 이상을 42개 개발 도상국의 소기업들에 출자했습니다. 그 밖에도 우리들은 개인 사업 부분에 보다 많은 참여를 촉진하기 위하여 설득력 있는 방법으로 일하고 있습니다.

 새천년에 대한 비전 1

10년, 20년, 30년 전에 모든 사람들이 2000년을 상상하려고 했습니다. 총리께서 스무 살에 상상한 2000년은 어떤 모습이었습니까?

제가 스무 살일 때면 1954년이군요. 솔직히 그때 저는 2000년이 어떠할 것이라고 자문해볼 시간을 많이 갖지 못했습니다. 저는 정치에 대해 열정, 특히 고향인 퀘백의 정치에 대한 열정을 가지고 있었던 비교적 사려 깊은 젊은이였습니다. 그때 아마 변호사가 되겠다고 결심했던 것 같습니다.

한 가지 기억이 떠오릅니다. 그때 사람들은 기술이 우리의 생활을 변화시킬 수 있다고 믿었습니다. 새로운 천년이 올 때쯤에 우리가 살게 될 미래의 집들과, 우리가 지니게 될 여러 가지 물건들, 그리고 우리가 운전하게 될 반중력 자동차들에 대한 예견들에 귀기울였습니다. 사실 저는 그러한 예견들을 믿지는 않았지만, 고도의 기술과 혁신이 가져다 줄 선물에 끊임없는 신뢰를 보낸 건 사실입니다. 게다가 우주 산업, 우주 개발 분야, 로봇 산업, 정보 기술, 운송과 에너지 분야에서 캐나다가 최첨단화를 실현한 것에 긍지를 느끼고 있었습니다.

그때 가장 시급하게 우리의 주목을 끌었던 문제들 가운데 하나는 바로 냉전의 시작이었습니다. 소련과 미국으로 대표되는 두 초강국들 사이의 긴장은 매우 현실적인 문제였습니다. 실제로 제3차 세계 대전의 기미가 감돌기도 했습니다. 그리고 일부 사람들은 우리가 2000년까지 살아남을 수 있을지 걱정했습니다. 그러나 10년 전 베를린 장벽의 붕괴와 함께 냉전은 종식되었고, 유럽과 G7, 유엔 등 안전과 협력을 위한 기구 속에서 평화 유지와 다른 국제적 현안들에 대해 서로 협력하는 옛 적들을 목격하는 것은 하나의 즐거움이 되었습니다.

비록 이십대에 관심이 지방 정치에 있었다 할지라도, 몇몇 국제 사건들은 저의 주목을 끌었습니다. 그들 가운데 하나가 1956년 수에즈 운하 위기였습니다. 그 사건은 이집트 정부가 중앙 아시아와 홍해를 연결하는 수에즈 운하를 느닷없이 국유화했을 때 불쑥 얼굴을 내밀었습니다. 프랑스와 영국의 합작 회사가 건설한 수에즈 운하는 여러 나라에게 전략적이고 경제적인 중요성을 지녔습니다. 따라서 그 나라들은 이집트가 취한 정책에 분노했습니다. 적대감들이 높아졌고 중동의 긴장이 고조되었습니다.

그 당시 캐나다 정부가 취한 정책들이 국제 공동체의 노력에 따라 얼마나 많은 것이 성취될 수 있는가에 대한 생각을 변화시켰던 것을 기억합니다. 이러한 일련의 사건들은 캐나다같이 중간적 힘을 가진 국가들이 국제 무대에서 무슨 일을 할 수 있는가에 대한 저의 관점에 엄청난 영향을 끼쳤습니다. 이 교훈은 항상 뇌리에 남아 새천년을 맞으면서 세계의 미래상을 형성하는 데 기여했습니다.

당시 수상이었던 루이 생 로랑은 수에즈 운하 위기에서 해결책을 찾기 위해 외무 장관이었던 레스터 피어슨을 급파했습니다. 캐나다 주도하에 국제 감시군을 보내기로 제안한 것은 바로 외무 장관 피어슨이었습니다. 유엔 총회는 이 제안을 수락했습니다. 그해 11월, 캐나다군을 포함한 국제 감시군이 수에즈 운하 지역에 도착했고, 동시에 그 위기를 해결하기 위한 협상이 시작되었습니다.

1957년 노벨 평화상을 수상한 레스터 피어슨 외무 장관은 그후 캐나다 수상이 되었습니다. 흔히 그는 평화 유지에 있어 근대적 개념의 대부라 불려지고, 캐나다는 그후 유엔이 조직했던 이러한 본질을 가진 거의 모든 임무에 참여하면서 평화 유지 전통을 유지하고 있습니다.

저는 국제 공동체는 분쟁을 해결할 수 있다고 믿습니다. 유엔과 국제 협력을 신뢰합니다. 이러한 확신은 몇 십 년 전부터 캐나다 외교 정책의 초석이 되었습니다.

 새천년에 대한 비전 2

과학과 기술의 발전은 인간 관계의 고리를 흔들어놓았으며, 자기 파괴의 가능성을 증가시켰습니다. 이를 고려한다면, 새천년에 인류의 미래는 어떻겠습니까?

이 질문은 매우 어두운 전망에 기초할 수밖에 없습니다. 개인적으로는 인류의 미래를 낙관합니다. 기술과 과학의 진보가 우리에게 악보다는 선을 더 많이 실현하게 한다고 믿습니다.

물론, 오늘날 세계가 안고 있는 수많은 문제들을 부인하지는 않겠습니다. 국가들 간에 분쟁이 난무하고 일부 국가들 내부에서는 불평등한 부의 분배로 많은 문제들이 제기되고 있습니다. 그 밖에도 기후의 변화와 발전에서 야기되는 문제들 등 새로운 위협들이 우리의 안전을 노리고 있습니다. 아직도 수많은 사람들이 기아와 병, 자연재해로 고통받고 있습니다. 그래서 우리들은 그 고통을 덜기 위해 혼신의 힘을 쏟고 있습니다.

그럼에도 멀리서 세계를 본다면, 지구 사람들은 아주 좋은 건강을 유지하고 있다고 말할 겁니다. 우리들은 역사의 그 어떤 시대보다 안전하고 좋은 영양 상태에 있습니다.

잠시 생각해봅시다. 냉전은 종식되었습니다. 유엔과 다른 국제 기구를 통한 국제 협력이 그렇게 강력하지는 않습니다. 세계에는 현재 190개의 독립 국가가 존재하며, 그들 가운데 많은 나라가 민주 국가들입니다. 1960년대 말과 1970년대 초의 '녹색 혁명'은 농업 기술의 엄청난 발전과 종자·비료·기계의 다양화에 힘입어 수백만 헥타르의 황무지를 비옥한 농토로 만들었습니다. 의학의 진보는 수백만의 사람들을 고통에서 해방시키고 때이른 죽음에서 사람들을 구해냈습니다. 그럼에도 아주 부유한 국가에서조차도 독감과 폐렴으로 많은 사람이 희생을 당했던 것이 그리 오래 전의 일이 아닙니다. 유엔을 통한 국제 공동체는 겨우 몇 년 전에 개발 도상국의 재앙이었던 천연두 같은 병들을 근절시켰습니다.

인류가 성취한 진보를 생각해볼 때, 우리들은 적응·혁신·생활 조건의 향상이라는 것에 주목할 수 있습니다.

저는 퀘벡에서 자랐습니다. 어린 시절 퀘벡과 몬트리올로 여행을 하려면 많은 계획과 노력이 필요했습니다. 퀘백 국경 저 너머에 있는 세계는 사람들이 들려주는 역사, 신문 기사와 라디오 방송을 통해서만 알고 있었습니다. 하지만 오늘날에는 통신 기술에 힘입어 한 번의 클릭으로 다른 마을, 다른 도시와 다른 지방, 심지어 다른 나라로도 여행할 수 있습니다. 인터넷상에서 여행하며 다른 나라 친구들도 만날 수 있습니다.

몇몇 점에서 보면, 기술은 우리들을 분열시키고 위협을 가할 수도 있습니다. 한편 기술은 우리들을 더욱 결집시키고, 우리들이 서로 다르면서도 서로 닮았다는 것을 받아들이고 이해하도록 합니다. 이렇게 한 것은 30년 전에 '지구촌'이라는 말을 창안해낸 마샬 맥루한이었습니다. 그는 즉각적인 교신과 매스미디어가 우리를 갈라놓고 있는 시간과 언어, 공간의 장벽을 녹여버릴 것이라고 예견했습니다. 마샬 맥루한은 그의 저서를 통해 우리 사회의 기능적인 관점에서 그러한 발전이 제기하는 위험들을 우리에게 알리려고 했습니다. 인류의 발전을 위해 새천년이 제공하는 전망들에 말하자면, 저처럼 그 역시 열정주의자였습니다.

 새천년에 대한 비전 3

만약 총리께서 지구에서 가장 가난한 국가들 가운데 한 나라의 국가 원수라면, 새천년을 맞이할 이 나라를 위해 무엇을 하시겠습니까?

가난과 저개발이 구성하는 문제에 대한 분명한 해결책은 없는 것

같습니다. 개발 도상국이 산업화된 국가들의 경험에서 많은 것을 배울 수 있다 하더라도, 아프리카 · 아시아 · 라틴 아메리카와 동유럽 국가들이 직접 바꿀 수 있는 발전 모델이란 존재하지 않습니다.

아시아 · 미국 · 스웨덴이 제시한 모델에 대해 많은 논의가 있었습니다. 아마 캐나다 모델에 대해서도 말할 수 있을 것입니다. 하지만 이러한 모델들에서 문제되는 것은 무엇이겠습니까? 그것은 무엇보다도 각 사회의 고유한 역사와 문화 속에서 시작된 준거 체제들(대부분 성공을 설명하는 것들입니다) 때문이겠지요. 경제 발전의 선두에 나서려는 국가들은 캐나다 · 스웨덴 · 아시아의 호랑이들처럼 그들 자신의 길을 찾아야 하며, 그들의 필요성 · 문화 · 전통들과 열정에 맞는 해결책들을 발전시켜야 합니다.

만약 제가 지구에서 가장 가난한 국가들 가운데 한 나라의 국가 원수라면, 내재하는 문제들의 근원을 이해하는 데서 출발할 것입니다. 가난이란 땅이 비옥한 국가에서도 발생할 수 있는 복잡한 문제 제기들입니다. 가난을 해결하기 위해서는 그 범위와 주요 원인들을 알고, 현재 직면하고 있는 상황을 잘 이해해야 합니다. 부의 불평등한 분배와 교육이 문제가 되는가? 농경을 위한 비옥한 토지가 부족해서인가?

그러고 나서, 캐나다의 비교 우위가 무엇인지 파악하겠습니다. 천연 자원은 어떠한 것을 가지고 있는가? 지리적 여건은 어떠한가? 노동력은 풍부한가? 인구 가운데, 도전을 준비하는 역동적인 기업들은 존재하는가? 이러한 기업인들은 정보를 통해 기업을 성장시키며, 경쟁력을 키우고 수출하는 데 필요한 기술 습득에 근접하려고 하는가?

신용은?

　그렇게 시도한 분석을 토대로 행동 지침을 마련하겠습니다. 일격에 모든 것이 휘청거리고 뒤엎어질 거창한 계획은 문제가 있다고 생각합니다. 개인적인 경험에 비추어보면 거대한 변화는 구체적인 작은 행동으로부터 나옵니다. 사람들이 느낄 수 있는 진보를 성취하려면 분명하고도 현실적인 목적들을 잘 결정해야 합니다.

　하나는 분명합니다. 소박하면서도 현실적인 행동 계획도 대다수 국민들의 지지를 얻지 못한다면 성공하지 못할 것입니다. 계획의 대중적 지지를 보장하는 가장 좋은 방법들 가운데 하나는 민주적인 방법으로 시민들에게 묻는 것입니다. 저는 민주주의가 모든 발전 과정의 기초라고 생각합니다. 개인의 권리와 기본적인 자유를 존중하는 민주주의는 번성하는 모든 사회의 토대를 형성합니다. 성공의 보장이 아니라 기본적인 조건이 중요합니다.

　그러므로 제가 이끌 정부는 민주적으로 선출될 것입니다. 그리고 계획들은 주요 집단들과 국민들과의 대화 이후에 완성될 것입니다. 계획의 큰 목적들과 우선권들은 국가적 대화 체제 속에서 이루어질 것입니다. 제 머리에서 계획을 짜는 게 문제가 아니라 국민들의 반응이 분명해야 하기 때문입니다. 처음에는 사람들이 어떻게 진행될까 물을 것이며, 다른 사람에서 일할 것을 요구할 것입니다. 습관적으로 모든 것이 허용되리라고 믿는 정치인들에게 습관적으로 일어나는 일입니다.

　가장 중요한 임무에 모든 힘과 재원을 집중시키고, 국민들의 기본적인 욕구를 채우며, 국가 경제를 성공적으로 출발시키는 것이 중요합니다. 그러므로 군사비는 필요 이상 지출하지 않을 것이며, 따라서 이웃 국가들과 평화적 관계를 유지할 것입니다. 평화와 발전은 지속적인 발전에 필수적입니다. 대포와 미사일은 아이들의 텅 빈 배를 결코 채울 수 없습니다. 균형 잡힌 공공 예산과 부패를 방지하는 법률도 매우 중요합니다.

내 나라가 발전의 길을 걷도록 이러한 모든 요소들이 집중되기를 희망합니다. 세계적인 파트너들과 협력하는 것도 필요합니다. 현재 세계화는 여러 전망들을 포함하는 한편 수많은 위험을 내재하고 있습니다. 대륙과 대륙을 연결하는 네트워크에서 가난한 국가들을 배제시키는 것은 상당히 위협적입니다. 세계 경제 속에서 가난한 국가들의 통합은 관련 국가에 한정된 문제가 아닙니다. 전세계 공동체의 문제입니다.

 새천년에 대한 비전 4

경제의 중요성이 점점 커지고 있습니다. 총리께서는 언젠가 우리들이 한 국가의 시민이 아니라 다국적 시민이 될 것이라고 생각하십니까?

경제 기반은 시간이 지남에 따라 상당히 변화하였습니다. 그리고 질문이 잘 말해주는 것처럼, 우리의 일상 생활 속에서 경제는 중요한 역할을 합니다. 국가가 부를 창출하는 방식은 과거나 현재나 항상 중요한 부분입니다.

그럼에도, 초국가적 기업들이 언젠가 국가들을 대체할 것이라고 믿게 하는 징후들을 아직 많이 목격하지는 못했습니다. 우리 세계를 구성하는 정치적 구분들은 대개의 경우 인위적인 요소를 전혀 갖고 있지 않습니다. 그것들은 지리·역사·전통·언어·민중 문화에 관련된 기반들에 근거하고 있습니다. 이것이 사람들을 서로 모이게 하고 전체로 남아 있게 하는 강력한 힘들입니다. 최근 몇 십 년 동안, 일부 국가의 해체와 새로운 국가의 탄생을 목격했음에도 불구하고, 몇 백 년 후 상당히 많은 국가들이 존재할 것입니다. 그 국가들은 번영과 쇠퇴, 평화와 전쟁, 결집과 해체를 차례로 겪었습니다. 이 민족들은 한편으로는 그들의 중대한 결정에 의하여, 다른 한편으로는 변화에 대한 적응력에 힘입어, 생존해왔습니다.

그렇다면 다국적 기업들이 국가나 민족들보다 더 견고하게 지속될 수 있을까요? 그들도 마찬가지로, 분열되고 합쳐지고 나타났다가 사라집니다.

새천년을 맞는 캐나다는, 21세기 지식 경제 대열의 주인이 될 것처럼 강력하고 역동적으로 보입니다. 캐나다 경제에서 대기업들의 역할을 과대 평가하지는 않겠습니다. 미국과 유럽의 경우처럼, 캐나다 경제는 그 역동성의 대부분을 그들의 꿈과 욕망에 부응하기 위해 매일 새로운 소기업들을 창설하는 사람들에게 힘입은 바 크기 때문입니다. 그들 가운데 일부는 처음 시작할 때처럼 지금까지도 혼자 일합니다. 이들이 캐나다 경제의 원천입니다.

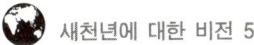

브라질 · 인도 · 일본 · 독일과 같은 대국들이 유엔 안전보장이사회의 상임 이사국에
합류하는 것이 필요하다고 생각하십니까?

캐나다는 유엔의 강력한 옹호자입니다. 1945년 유엔 창설 이후
늘 강한 지지를 해왔습니다. 유엔은 세계의 평화를 유지하고 모든
국가의 안전을 유지하는 데 중요한 역할을 합니다. 캐나다는 자국의
안전을 비롯해 이러한 집단 행동에서 큰 혜택을 누리고 있습니다.

이런 이유로, 국제 무대에서 유엔의 역할을 강화하는 데 능동적으
로 기여해왔습니다. 예를 들면, 캐나다는 평화 유지 임무에 오랫동
안 많은 기여를 해왔습니다. 이미 언급했던 것처럼, 1950년대 초 평
화 유지군을 제안했던 사람은 전 수상이며 외무 장관이었던 레스터
피어슨이었습니다.

유엔은 인간의 권리 보호와 증진에 대한 것이든, 발전을 위한 협
력에 대한 것이든, 환경 보호에 대한 것이든, 인류 복지에 대한 것
이나 국제 권리 존중에 대한 것이든 간에, 모든 분야에서 기본적인
기능을 수행합니다. 이들에 대해 캐나다는 오래 전부터 지지해왔습
니다. 캐나다는 유엔 예산에 여덟번째로 많은 기금을 내고 있습니
다. 유엔의 힘은 회원국들의 조직 참여와 기여에서 비롯됩니다. 이
러한 생각은 유엔이 창설되었던 집단 안전 조직의 근본을 이룹니다.
이 점이 50년 이상이나 캐나다가 유엔의 강력한 옹호자였던 이유입
니다.

유엔은 그 역할을 완수하는 수단으로 세계의 거의 모든 국가들이

참여하는 국제적인 포럼을 구성합니다. 모든 국가는 포럼에서 현안들에 대해 투표합니다. 작은 국가들도 포럼에서 자국의 보호와 발달에 긴요한 방편을 발견합니다. 반면 대국들은 포럼에서 상대국들과더 좋은 관계를 유지하기 위해 자국의 안전을 유지할 방법을 판단합니다. 유엔은 세계 발전과 국제 세계에 영향을 주는 중대한 분쟁을논의하는 첫번째 토론 장소입니다. 유엔은 주요한 도전의 본질과 그접근 방법에 대한 공동의 비전을 연결합니다. 평등한 투표 원칙은유엔이 자신의 임무를 수행하는 데 기여합니다. 그 효율성 여부는당시의 중대한 문제들에 대한 모든 회원국들 사이의 합의를 끌어낼능력에 달려 있습니다.

모든 제도들처럼, 유엔은 시대를 수놓았던 변화와 사건들에 대처하여 변화해오고 있습니다. 유엔 창설 이후 평화 유지 같은 부분에서 다양한 혁신적 해결책들이 보여주는 것처럼, 몇 번이나 긴박한상황에 대처하는 능력을 보여주었습니다. 분쟁을 예방하기 위해 제2차 세계 대전 직후에 창설된 유엔은 세계 평화의 유지와 안전을 감시하는 여러 조직과 기구들로 구성되어 있습니다. 유엔의 중심 기구인 안전보장이사회의 기능은 대부분 제2차 세계 대전 이후의 긴박한 상황들과 관계 있습니다. 상임 이사국과 비상임 이사국과의 차이는 거부권과 마찬가지로 국제 정치가 강국들의 독점이었던 시대의산물입니다. 오늘날 진정한 도전은 창설 때와는 전혀 다른 국제 상황 속에서 유엔의 역할을 강화하는 방법을 찾는 것입니다.

새천년을 맞으면서, 유엔은 창설 당시와는 판이하게 달라진 문제들을 풀어야 하는 입장에 놓였습니다. 평화와 안전을 위협하는 분쟁들의 본질이 바뀌었습니다. 오늘날의 분쟁들은 대개 국내적인 것들입니다. 주요 희생자들은 민간인들로, 그중에서도 아이들과 여자들이 가장 많습니다. 또한 분쟁이 더 복잡해졌습니다. 분쟁은 종종 인구의 엄청난 이동을 야기시킵니다. 르완다와 보스니아 사태는 유엔이 자주 직면하는 위기들의 예입니다. 비상 사태에 대비한 빠른 예비 대처와 평화 유지는 유엔의 개입 능력을 강화하기 위해 보완되어야 할 사항들입니다.

이러한 분야에서 안전보장이사회는 가장 중요한 역할을 수행해야 합니다. 보다 강력하고 효과적으로 그 힘을 사용해야 합니다. 유엔이 강해지기 위해, 안전보장이사회는 보다 큰 권위와 견고한 신뢰성을 확보해야 합니다. 안전보장이사회의 권한으로 새로운 위협들에 대처할 수 있어야 합니다.

최근 몇 십 년 동안의 흐름은 유엔의 역할에 지대한 영향을 끼쳤습니다. 오늘날 유엔의 조직은 185개나 됩니다. 이 숫자는 창설 당시의 세 배 이상입니다. 안전보장이사회는 이를 고려하지 않을 수 없습니다. 이사국들보다 대표성을 갖고 있는가 하는 것을 감시하는 것은 중심 기관의 신뢰성을 보장하는 데 중요합니다. 이는 세기말에 정치 기구들을 증진시키고 새천년에 강화되기를 희망하는 민주적인 원칙들과 일치합니다. 안전보장이사회의 상임 이사국 수가 증가하는 것은 그 특권의 축소와 함께 기존의 상임 이사국과 비상임 이사국 사이의 불균형을 강화할 위험성이 있습니다. 캐나다는 안전보장이사회의 상임 이사국의 확대는 비상임 이사국 수 정도로 이루어져야 한다고 생각합니다. 또한 유엔 내부에서 상임 이사국 확대에 대한 결정은 심사숙고해야 한다고 생각합니다.

간단히 말해, 다음 세기에 우리가 필요로 하는 안전보장이사회는 보다 책임 있고 투명하며 보다 대표성을 띠어야 합니다. 전체 국제 공동체에 대해서만큼이나 유엔 회원국에 대해서도 발빠르게 대응해야 할 것입니다.

새천년의 전야에 안전보장이사회의 비상임 이사국인 캐나다는 외교 정책의 중심축들 가운데 하나로 이러한 목표를 설정해 추구했습니다. 그것은 유엔이 앞으로 중요한 역할을 수행하고, 그 기구들이 끊임없는 변동 속에 우리들의 세계를 특징짓는 확대일로의 다양성을 반영하기 위해 필수적입니다.

 새천년에 대한 비전 6

총리의 개인적인 노정은 많은 사람들에게는 희망의 메시지이며, 또한 많은 것들이 이루어질 수 있다는 것을 보여줍니다. 그렇다면 총리께서는 새천년을 맞이하는 젊은이들에게 어떤 충고를 해주시겠습니까?

몇 차례나 캐나다뿐 아니라 세계의 젊은이들과 대화를 가질 기회가 있었습니다. 그때마다 오늘날의 젊은이들이 저의 열다섯 살에서 스무 살이었을 때와 어느 정도 비슷한가 또 어느 정도 다른가를 확인했습니다.

약 50년 전에 제가 그랬던 것처럼, 오늘날의 젊은이들도 꿈과 환상과 열망을 꿈꿉니다. 그들은 세계의 한 부분을 차지하길 원할 뿐 아니라 자신들의 이미지대로 그것을 바꾸고 가공하려 합니다. 그들은 세계를 탐험하고 발견하고 정복하기를 원합니다. 어떤 산도 그들에게는 높지 않으며, 어떤 대양도 그들에게는 넓지 않습니다. 우주 공간조차도 그들에게는 정복할 수 있는 대상으로 보입니다.

오늘날의 젊은이들은 우리와 다릅니다. 그들이 살고 있는 세계가 우리가 자랐던 세계보다 훨씬 더 복잡하기 때문입니다. 예를 들어 캐나다 젊은이들에게 캐나다 외부 세계는, 제가 젊었을 때처럼 탐험가들과 신문 기자들의 이야깃거리로 남아 있는 게 아니라 일상 생활일 뿐입니다. 일본, 남아프리카 또는 러시아의 사건들이 캐나다에서 일어나는 사건에 영향을 끼칩니다. 인간의 고통·폭력·잔인성 등에 대한 이미지들이 매일 밤 텔레비전 뉴스 시간에 방영됩니다. 런던, 파리와 뉴욕으로의 여행은 더 이상 극소수의 특권층들만 생각할 수 있는 열정적인 사건이 아닙니다. 오늘날에는 그 어떤 사람이라도 이 도시들을 방문할 수 있습니다. 심지어는 집에 편안히 앉아 컴퓨터로 또는 한 번의 클릭으로도 가능한 일입니다.

이를 고려하면서, 변화 속에서 도전할 자세가 되어 있는 세계의 젊은이들에게 세 가지 충고를 하겠습니다.

첫째, 학교에 남아 여러분이 할 수 있는 최선의 교육을 받으라는 것입니다. 캐나다의 총리로서, 세계화의 도전에 맞서기 위해서는 교육의 중요성을 강조하지 않을 수 없습니다. 우리는 다음 천년 동안에 가장 생산적이고 번영을 누릴 수 있는 사회들은 가장 혁신적이고 교육을 잘 받은 건강한 시민들로 구성된 사회라는 것을 배웠습니다. 이러한 목적을 추구하기 위해서는 정부의 역할이 중요합니다. 하지만 우선 이 도전을 위한 준비는 여러분의 몫입니다. 교육은 문을 여는 열쇠입니다. 그리고 일반적인 것이든 전문적인 것이든, 양질의 교육과 함께 여러분은 생활의 문들을 열 수 있을 뿐 아니라, 여러분은 그 문들을 밀치고 사회 속에서 여러분에게 돌아오는 자리를 차지할 수 있을 것입니다.

둘째, 우리 시대를 수놓은 빠른 변화들로부터 도망가지 말고 과감히 맞서도록 합시다. 세계화는 선택이 아니고 현실입니다. 물론, 격동과 혼란의 정도를 야기시키는 현상이 문제입니다. 하지만 그것을 잡을 줄 아는 젊은이들에게는 멋진 기회가 될 것입니다.

셋째, 여러분의 주위를 둘러싸고 있는 것들을 알고 이해하도록 합시다. 많은 사람들은 '지구촌'에서 살고 있다고 말합니다. 통신 기술에 힘입어, 오늘날은 국경 저 너머까지 서로 의사 소통을 할 수 있게 되었습니다. 또한 이웃과 학교의 친구들만큼이나 수천 킬로미터 떨어져 있는 사람들과도 가상의 교신을 나눌 수 있습니다. 그럼에도, 장벽들은 항상 우리를 둘러싼 사람들과 우리들을 갈라놓고 있습니다. 종종 우리 가까이 있는 사람들에 대한 편견이 있습니다만, 그들이 단순히 우리와 다르기 때문에 거의 접촉을 하지 않습니다. 그들을 알고 보고 이해하려고 하기보다는 우리가 그들과 구별되는 것이 무엇인지를 찾으려고 합니다. 오히려 우리는 그들을 있는 그대로 받아들이고, 우리와 다를 수 있다는 것을 인정하며 우리들과 열망이 다르다는 것과 그들만의 공간이 필요하다는 것을 인정해야 합니다. 다양성에 대한 존중이 상투적인 것을 대신하고, 인간성에 대한 존엄이 편협을 대치하는 보다 자유스러운 사회 속에서 이러한 것들은 나오게 마련입니다.

 새천년에 대한 비전 7

두번째 천년 동안, 우리는 지구를 구성하고 있는 것들에 대해 알게 되었습니다. 오늘날 우리가 지구에 대해 아는 것처럼, 세번째 천년 말기에 사람들은 우주의 비밀을 풀 수 있을까요?

이 2000년을 의미한다면, 그 자신에게서 또는 우리를 둘러싸고 있는 세상에서 배운 것입니다. 인류 시초에, 인간은 자연을 아는 데 호기심이 동했습니다. 첫번째 천년 말에, 진보는 하나의 현상으로 존재했습니다. 사람들은 진보만 생각할 수 있었습니다. 곧 유럽의 탐험가들이 이루어낸 '새로운 세계'에 대한 발견이 허락한 항해 분야, 인간 해부에 대한 이해를 확대하려는 연구, 산업 혁명을 낳았던 증기 기관의 발명, 지구와 인류 공간의 기원들에 대한 새로운 전망을 제공할 우주 정복에 대해서 말입니다.

이러한 모든 발견들은 대단한 것들이었습니다. 몇 세기 전만 해도 사람들은 태양이 지구 주위를 돌고 있다고 믿었습니다. 오늘날 원격 조정으로 움직이는 로봇들이 우주를 탐험하고 정보를 전송해줍니다. 50년 전에는 유전자에 대해 거의 알지 못했습니다. 오늘날 유전자 복제는 더 이상 공상 과학 소설에만 나오는 이야기는 아닙니다. 점차로 정복해야 하는 기술이며, 실제로 우리는 이미 수많은 응용을 목격하고 있습니다.

지식의 엄청난 진보 속에서 우리들은 어떻게 미래에 대해 낙관주의자가 되지 않을 수 있겠습니까? 어떻게 우리는 모든 것이 가능하다고 믿지 않을 수 있겠습니까? 인간의 조건이 더 좋아질 것이라는 매력적인 생각에 어떻게 저항할 수 있겠습니까? 인간 지식의 국경이 오늘날 인식할 수 있는 범위를 언젠가 넘어설 수 있다는 것에 어떻게 저항할 수 있겠습니까?

실제로 모든 희망들은 가능합니다. 처음의 질문으로 되돌아가, 세 번째 천년 동안에 인간들과 우리가 사는 지구에 대해 우리가 가진 것 또는 그 이상으로 우주에 대해 알게 될 것이라고 믿는 것은 정말 현실적인 것입니다.

첫째, 우리 자신에 대해 그리고 우리를 둘러싼 것들에 대해 알아야 할 것이 많습니다. 지구 온난화와 가뭄, 해빙과 같은 기후 변화에 대한 우리의 이해는 여전히 제한적입니다. 대양은 미답지로 남아 있습니다. 인간의 행동들도 여전히 수수께끼로 남아 있습니다.

둘째, 지식이 부족해 일상적으로 직면하는 도전들도 있습니다. 암과 에이즈 등은 항상 모든 치료의 형태를 교묘히 비켜가고 있습니다. 가장 큰 피해를 주는 오염원을 제거하면서 환경을 보호하기 위해 노력하고 있지만 오염은 계속 도시를 잠식하고 있습니다. 한편에선 어떤 형태의 해결책도 제시하지 못한 채 사막화는 많은 나라에서 확대되고 있습니다.

셋째, 지식과 기술 혁신이 특정 집단에만 몰린다는 것을 증명할 수 있습니다. 과학 지식의 발전이 정치적이고 경제적이며 사회적인 큰 발전을 동반했다는 것은 부인할 수 없는 사실입니다. 그럼에도 생활의 질적 향상이 많은 사람에게 골고루 돌아갔다고 주장할 수는 없습니다. 남과 북 사이에는 여전히 불평등이 첨예하게 대립하고 있습니다. 이러한 불균형이 수많은 요소들에 그 원인이 있다 할지라도, 가장 직접적인 원인은 지식 습득의 불평등입니다. 아마도 빈국과 부국 사이의 가장 이상적인 정보의 공유가 모든 인류를 위한 가장 좋은 생활의 질을 보장하는 발전의 핵심인 듯합니다.

이탈리아

마시모 달레마 총리
주효숙 옮김

평화

첫번째 천년은 야만적인 침략 전쟁이, 두번째 천년은 두 차례의 세계 대전이 특징이었습니다. 세번째 천년은 우주의 정복과 함께 우주 공간에서의 전쟁이 그 특징이 될까요?

인류 역사에서 1000년이라는 긴 시기가 특정 유형의 전쟁과 연관 있으며 전쟁이 그 시대의 특징을 이룰 수 있다는 것, 그리고 각각의 단일 세기 또는 그보다 한층 더 짧은 기간들도 역사학자들에 의해 비슷하게 규정되어왔다는 것(종교 전쟁의 시기, 왕위 계승 전쟁의 시기, 근대 국가를 탄생시키기 위한 전쟁, 식민지 전쟁, 이념 전쟁 들)은 비극입니다. 각각의 세대에 속한 사람들이 어떤 것을 위해 열심히 일해야만 한다는 것을 잊지 않으려고 그 전쟁에 대한 기억을 마음속에 품어야 하는 것도 비극입니다. 두 개의 사회 집단들, 또는 그 이상의 사회 집단 사이에 평화로운 관계를 구축하는 것은 전체 인류를 위한 장기적인 노력의 결과입니다. 비록 그 과제가 안고 있는 난점을 자각해야만 하지만, 우리가 공유하고 있는 이 피비린내 나는 폭력적인 역사 속에조차도 고무적인 징후들이 존재하기 때문에 실망은 하지 말아야 합니다.

기술 혁명과 사회 변혁은 인류의 가장 큰 희망입니다. 이 희망은 개인적인 면과 집단적인 면에서 삶의 질을 높일 수 있는 방법들이지만, 당연히 기술(이면에 놓인 과학 기술)과 사회 혁신(이면에 놓인 정치적 이념들)도 다른 비극적인 결과들을 초래할 수 있습니다. 진보를 위한 확실한 처방이라는 것은 존재하지 않습니다. 비록 늘 논쟁의 소지가 있다 하더라도 여전히 그렇게 설명되어야 할 것입니다.

저를 질문의 핵심으로 이끄는 것은 진보에 대한 생각입니다. 우리가 고대의 야만적인 침략 전쟁에서 20세기에 있었던 두 차례의 세계 대전으로 진전돼온 것은, 새롭고 보다 더 파괴적인 종류의(이 경우 우리는 '진보하고 있지' 않을 것이 분명한) '우주 공간에서의 전쟁'을 경험하기 위해서였던가요?

다양한 분야의 경향들을 살펴볼 때 (새로운 방식이 아닌 그야말로 전통적인 것으로서) 분쟁은 더욱 빈번하게 발생하고 있습니다. 국부적인 원인에서 비롯돼 제한된 반경이 있을지라도 이러한 전통적인 분쟁들은, 두 번의 세계 대전만큼이나 피비린내 나는 것이었으며 비참했습니다. 특히 자신의 의사와 관계없이 전쟁에 휘말린 무고한 민간인들에게 더욱 비참했습니다. 적어도 당분간은 지구 절반을 전쟁에 휩쓸어 넣었던 가공할 무기와 더불어 인류의 절멸을 기술적으로 가능하게 할 수도 있었던, 엄청나게 파괴적인 과거와 같은 전쟁을 극복한 듯합니다. 하지만 분쟁과 폭력의 근원을 압도하거나 해결하지는 못했습니다. 문제를 무력이나 얼버무림보다는 타협과 협조를 통해 해결하는 것을 꺼리고, 폭력적인 인종 갈등·불평등·권리 침해 등으로의 회귀를 해결하지 못한 것입니다.

세계 시장의 민주적 방식처럼 제가 정치적·사회적·기술적으로 보다 진보한 것이라고 여기는 사회는 전쟁에 대한 특이한 견해를 발전시켜왔습니다. 많은 사람들은 전쟁을, 당사자들 사이의 쟁점을 해결하는 수단으로서 비이성적이고 비도덕적인 것으로 여깁니다. 전쟁은 무력을 행사하는 양측에게 경제적으로는 극도의 낭비이며, 조금도 이득이 되지 않습니다. 19세기 프러시아의 장군이었던 카를 폰 클라우제비츠(가장 자주 인용되는 전략가)의 말을 부연하면, 민주주의 국가들은 전쟁을 더 이상 다른 수단에 의한 정책의 논리적 연장으로 여기지 않는다는 것입니다.

여기에 제가 첨단 기술이 사용된 '우주 공간에서의 전쟁'이 전혀 가능성이 없다고 생각하는 이유가 있습니다. 사람들의 생각이 기술적으로 가장 진보된 사회들의 발전으로 인해 대규모의 전쟁은 정치적 또는 경제적 목적에 이르는 합리적인 수단이 아니라는 생각에 이르렀기 때문입니다. 진보된 사회에서 전쟁은 생각조차 할 수 없습니다. 본질적으로 영향력, 압력 또는 협박을 가할 수 있는 다른 모든 수단들이 실패로 돌아갔거나, 정상적인 사고로는 받아들일 수 있는 대안이 제시되지 않을 경우들에 한해 전쟁은 최후의 수단으로 여겨집니다.

물론, 민주주의는 완벽하지 않습니다. 성자들이 민주주의 국가를 다스리는 것도 아닙니다. 그들도 실수를 하고, 자신들이 주장하는 도덕적 기준에 미치지 못하기도 합니다. 하지만, 민주주의 국가들은 서로에게 적대하여 전쟁으로 치닫지는 않습니다. 이제는 새로운 형태의 분쟁과 경쟁(경제적·기술적 분쟁들)이 군대가 동원되는 분쟁의 '대리' 역할을 합니다.

그렇게 말은 했지만, 여전히 전쟁과 폭력 분쟁을 겪는 것이 우리의 현실입니다. 최근 몇 십 년 동안 우리는 사실상 새롭게 분출한 인종적 증오, 내란, 극단적 민족주의 등을 목격해왔습니다. 이는 유럽인들이 그런 상황 속에서 최근까지, 수세기 동안 공존해왔기 때문에 익히 아는 폐해들입니다. 이 폐해들은, 때로 우리가 그렇게 믿도록 유혹을 받기도 하는 것처럼, 수수께끼 같은 상처가 아닙니다. 극도로 잔인했던 국지전들이 역사의 중요 부분들을 차지하니까 말입니다.

무력의 (조직적인) 사용과 관련 있는 전혀 다른 유형의 사건들은 연합국들 측에서, 그리고 국제 사회라는 보호막 아래에서 이루어지는 넓은 범주의 국제적 간섭 행위들(넓은 범주의 '위기 관리' 작전들, 곧 '중재'에서 국제법의 극악한 위반에 대한 국제적 대처에 이르기까지)을 포함합니다. 그 작전들에 대해 지도자나 여론이 결정을 내릴 때는 세심한 주의가 필요합니다. 까닭은 보스니아와 코소보 사태를 떠올릴 수 있듯이, 비록 우리가 가치 있는 목표를 위해 결단을 내렸다고 믿기긴 하지만, 경제적·기술적·군사적 무용을 사용함으로써 사실상 우리의 의지를 강요하는 것이기 때문입니다.

후자 쪽의 내용은 보다 광범위한 평화 체제로 통하는 두 개의 주요 통로에 생각이 미치도록 합니다.

첫째, 유엔으로 시작되는 전세계적 기구들의 잠재적 역할이 존재한다는 것입니다. 만약 이 역할을 증대시키려면, 유엔의 한계를 극복해야만 합니다. 동시에, 위기 사태 예방에 초점을 맞추는 쪽으로 시각을 바꿔야만 합니다. 일단 분쟁이 터지고 나면, 인간의 고통이라는 점에서 이미 때는 늦은 것입니다. 보다 부유하고, 경제적으로 진보된 국가들은 전쟁·평화·정의·부유함을 확장해 나가는 데 영향을 끼칠 수 있는 막강한 재원을 임의로 사용할 수 있습니다. 그렇기 때문에 이 국가들은 전쟁을 예방하며, 재원을 갖추지 못한 다른 국가들이 지역 사회와 기관들을 전쟁보다는 평화를 촉진하는 방식으로 발전시키도록 돕는 데 필요한 모든 구체적인 수단들을 적절한 장소에 배치해야 한다는 특별한 책임이 있습니다.

보다 평화로운 세계를 향한 두번째 통로는, 거꾸로 전개됩니다. 우리는 모든 국가들이 준수하는 집단적인 국제 법규 체제가 그 역할을 다하도록 지속적으로 노력해야 하지만, 국가들 간의 지역적 협력은 실제로 평화를 성취하고, 삶의 기준을 향상시키는 효과적이고 강력한 수단이었습니다. 공통된 역사와 지리적 여건을 공유하는, 제한된 수의 국가들로 이루어진 집단들은 그들이 가지고 있는 경제 체제의 점진적인 통합과 늘어나는 인력 · 물자 · 아이디어의 교환으로부터 큰 혜택을 얻을 수 있습니다. 이러한 통로의 주된 본보기는 회원국들 사이에 복잡한 체계의 협약들, 규칙들, 상호간의 약속들로 발전된, 유럽 연합입니다. 이 같은 역사적 배경 속에서 반복해서 발생하던 유럽 내의 분쟁이 사라진 것은 점진적인 통합 과정을 통해서입니다. 이렇게 해서 유럽은 정치적 공동체가 되기 전에 안전한 공동체가 된 것입니다.

요약하면 민주주의적 관리를 통하여 국제 협력을 얻겠다는 목표를 채택한 사회들에게, 우주 공간에서 적대하여 싸우는 전쟁은 지상 전쟁만큼이나 생각할 수 없는 것이며, 소모적인 것이 됩니다. 어느 정도까지는, 기술 진보라는 것이 일상 생활에 대한 것과 마찬가지로 군사 분야에도 응용될 것입니다. 그러나 분명한 것은, 많은 기술 진보가 민간 부문에서 이루어지는 것이 현 추세입니다. 이 경향이 긍정적이라고 평가할 수 있는 근거는 발견과 혁신이 일반 사람들과 민간 사회에 우선적으로 혜택을 주기 때문입니다.

평화와 전쟁의 미래에 대해 의견을 덧붙이면 이렇습니다. 〈스타워즈〉와 같은 모험담, 가장 대중적인 공상 과학 영화와 소설 가운데 어떤 것을 면밀히 검토해본다고 칩시다. 거기에 나타나는 하나의 특징은 가상적인 미래는 과학과 정치에 의해 강력한 영향을 받는다는 것입니다. 반면 적어도 집단 구성원에게 받아들여지는 것은 아니지만, 주어진 집단의 대다수에게 혜택이 돌아가도록 타협을 통해 적절한 결정을 내리려는 지속적인 노력은 보이지 않습니다. 대개는 순수한 선과 순수한 악이 서로 대립합니다. 이는 현실을 단순화해 인간관계를 관찰하는 고전적인 방식으로, 오늘날의 공상 과학 영화처럼 예로부터 서사적 작품에서 찾아볼 수 있었습니다. 그렇다고 오해의 소지가 없는 것은 아닙니다.

그것은 마치 현대 사회를 거울로 삼아 미래 사회를 예측하면서 인간 공존의 특징이 되어왔던 것, 곧 모종의 타협을 필요로 하는 복수의 견해들, 목표들, 이해 관계들 사이의 상호 작용이 자리잡을 여지를 남겨놓지 않는 것과도 같습니다. 이것을 '정치'라고 부릅니다.

2500년 전 그리스의 철학자 아리스토텔레스가 말했던 것처럼, 인간은 정치적 동물입니다. 생존과 정체성에 대한 근본적인 질문인, 평화와 전쟁이라는 문제를 생각해보면 저는 정치 외에는 그 어떤 해결책도 없다고 믿습니다. 비록 정치가 일련의 냉소적인 행위 또는 순수한 권력 행사처럼 비춰지는 경우가 종종 있기는 하지만 말입니다. 미래의 시민들은 제힘으로 이러한 진리를 발견해낼 것이며, 영원히 정치를 하나의 무력처럼 만드는 일에 직접 참여할 수 있을 것입니다. 평화로운 공존은 주로 이러한 공동의 노력에 의존하게 될 것입니다. 정치적 협상이 사회 생활을 지배하게 되면, 논쟁을 해결하는 방식으로서의 폭력은 금지될 것이며, 보다 품위 있는 방법이 지배력을 발휘하게 될 것입니다. 이 점이 포스트모더니즘 시대에, 복잡해지는 우리 사회에서조차도, 정치에 대한 정확한 이해가 중요한 이유입니다.

그렇다면, 우리의 미래에 대하여 약간 낙관적인 견해를 말씀드리겠습니다. 유감스럽게도, 단기적인 안목에서 본다면 모두에게 그리 밝은 미래는 아니지만, 희망의 서광이 빛나고 있는 미래인 것은 분명합니다.

 민주주의

인터넷이 탄생한 이래, 가상 공동체에 대한 논의가 활발히 진행되어왔습니다. 새로운 기술로 민주주의의 요구를 충족시키려면 어떻게 해야겠습니까?

새로운 기술들은 여러 가지 방식으로 민주주의에 편의를 제공할 것입니다. '전자 민주주의'에 대한 질문에 답변하기에 앞서, 한 가지 점만은 분명히 밝혀두죠. 저는 이 새로운 정보 기술들이 이미 우리의 삶을 근본적으로 변화시키고 있다는 점을 확신합니다. 하지만 그 새로운 기술 자체가 우리의 삶을 더 나은 것으로 만들어줄 것이라고는 믿지 않습니다. 그러한 일이 일어나도록 하기 위해서는, 먼저 그러한 일이 일어나도록 만들어야 합니다. 이런 연유로 원대한 시각을 가진 정부가 들어서서 자국의 국민들에게 혜택이 돌아갈 수 있는 정책, 진정한 정책을 추진해야만 합니다.

이 일이 우리가 하고 있는 것입니다. 이탈리아 정부의 각 부처는 국민들이 새로운 정보 기술을 이용하는 데 도움을 주기 위한 효과적인 정책을 수행하기 위하여 현재 상당한 재원을 지출하고 있습니다. 총리실에서는 이 모든 노력을 '정보 사회 공개 토론' 사이트 http://www.palazzochigi.it /fsi를 이용하여 조정하고 있습니다. 재원을 쏟아 넣고, 효과적이고 통합된 방식으로 이용할 수 있는 가능한 모든 방법을 동원해 모범을 보이도록 하는 것을 목표로 해야만 합니다.

전자 민주주의는 우리 노력의 중심이 되어야만 합니다. 이 점이 이탈리아가 정보 사회로 진입하는 데 도움을 주도록 모든 정책 조정을 결정해야만 했을 때, '정보 사회 공개 토론' 사이트가 하나의 조직 단위로서 역할뿐만 아니라 민주주의의 보기로서의 역할도 해내야 했던 이유입니다.

1998년 한 해 동안, '정보 사회 공개 토론' 사이트는 인터넷을 통하여 지속적인 대화를 계속해왔습니다. 수천 명의 사람들이 정보 사회의 도래에 참여했고, 관심을 보였습니다. 저는 한 달에 두 번 발간되는 전자 뉴스 레터를 신청하는 사람이면 누구에게나 보내준다는 점을 강조하고 싶습니다. 덧붙여, 이탈리아는 '정보 사회 공개 토론' 사이트에서 최초로 인터넷 기반의 전국적인 회의를 마련했고, 160건 이상의 기고를 받았습니다. 700명 이상의 사람들이 인터넷을 이용해 구독을 신청했습니다. '정보 사회 공개 토론' 사이트에서의 행동이 가져온 결과는 피에르 레비라면 '집단적 정보'라고 불렀을 과정입니다.

이 새로운 기술은 세계화라는 동질적인 측면만이 아니라, 가치 기반을 지역 현실에 두는 개념을 신뢰합니다. 지역 사회의 진정한 가치는 문화적 다양성입니다. 문화적 다양성은 세계화라는 현상에 의해 상쇄되어버릴 수 없는 것입니다.

저는 이 새로운 정보 기술들이 민주주의의 요구를 만족시키는 근본적인 도구라고 생각합니다. 하지만, 그러한 일이 발생할 수 있도록, 원칙의 선언에 만족하지 말아야 합니다. 날마다 이 새로운 기술들을 실험해보려 노력해야만 합니다.

각국 정부는 하나의 의무를 짊어지고 있습니다. 그저 앉아서 기다리기만 하면 안 됩니다. 효과적인 조처를 취해야 하며, 개발 도상국들과의 연대 정책을 실행하는 것이 필요합니다.

유엔개발계획UNDP이 1999년에 펴낸 '유엔 인간개발보고서'에서는 다음과 같은 점을 강조합니다.

"인터넷이라는 시장 단독으로는, 인터넷을 이용할 수 있는 사람들만을 세계 시민으로 만들게 될 것입니다. … 통신 기술로 지리적 장벽은 무너졌지만, 새로운 장벽이 등장했습니다. 월드 와이드 웹www이라는 이름에 걸맞게 보이지 않는 장벽은 인터넷과 관련 있는 사람들만을 받아들일 뿐, 나머지 사람들을 조용히(거의 감지할 수 없을 정도로) 배제시켜버립니다."

제가 최초의 가상 국가 원수가 되는 것이라면, 제게 질문해주신 것에 감사드립니다.

그 질문을 액면 그대로 받아들인다면, 저는 최소한 이탈리아에서는 가상 국가의 원수가 된다는 것이 불가능할 것이라고 대답해야만 할 것입니다. 이탈리아 국민들은 '가상적이라는 것'만을 제외한다면 그 나머지 모든 것에 해당합니다. 우리는 문화 유산이나 전통, 일상 생활에서, 우리의 우려나 희망처럼 거의 실체적인 현실만큼이나 실재하는 존재라고 믿고 있습니다. 이런 것들에게는 '가상적'이라는 말이 어울리지 않습니다. 분명, 이것은 우리에게만 고유한 어떤 것은 아닙니다. 이러한 이유에서 저는 어느 국가이든, 국가의 수반이 지녀야 할 제1의 행동 규칙은 다음과 같아야 한다고 믿습니다. 국민과 직접 접촉해야 하는 의무를 잊지 말 것이며, 서로가 관련되어야 할 필요가 있다는 사실을 잊지 말아야 한다는 것입니다.

질문을 해석해볼까요. 만약 '가상적'이라는 말이 구체적인 일을 처리하는 상이한 방식을 의미하는 것이라면, 가상의 국가, '가상의 이탈리아' 같은 것이 존재할 수도 있습니다. 만약 이것이 질문을 해석하는 방식이라고 한다면, 지난 몇 년 동안, 이탈리아에서 '가상의 이탈리아'를 발견하기 위해 상당한 노력을 기울여왔다는 점을 저는 인정해야만 합니다. 우리는 이제 새로운 기술이 정부의 서로 다른 수준에서 상호 작용을 하고, 협력하는 것을 가능하도록 만들어줄 수 있는, 국가를 관리하는 다른 방식을 확립해가고 있는 중입니다. 그것은 시민들이 존재하는 권력과의 일상적인 교류에서 갖는 역할을 강화해주는 다른 방식이며, 인터넷 이용을 통한 대중 연설을 발전시키는 여러 통신 기술들을 수단으로 변형 가능한 것입니다. 이탈리아는 이러한 조직 혁명의 중심에 서기를 희망합니다. 지난 몇 년 동안, 행정 정책에 혁명적인 변화를 불어넣을 토대를 마련해왔습니다.

그 토대 마련은 문화에 대한 혁명입니다. 전통적으로 관료주의는 정보의 통제로 권력의 기초를 닦습니다.

이제 효과적인 행정 정책은 대중의 부와 정보의 확산을 통한 변혁 과정에 기여해야만 합니다. 정보 그 자체가 새로운 부를 창출해낼 수 있는 귀중한 자원이기 때문입니다. 이것이 새로운 기술이 우리 노력의 중심에 자리잡는 이유입니다. 이탈리아는 디지털 신분증과 서명이 갖는 문제점, 개인적인 비밀 유지 문제 등 몇몇 분야에서 문제 해결을 위해 재원을 동원한 최초의 국가들 가운데 하나이며, 괜찮은 해결책을 얻을 수 있었습니다.

이 새로운 일 처리 방식들이 '가상적'인 것인가요? 새로운 관리 방식의 문제점을 처리하고 있는 정책들이 '가상적인 정책들'인가요? 이 새로운 기술에 의해 개선된 효율성과 정부와 국민간의 상호 작용이라는 의미에서 본다면, 이탈리아는 '가상적'인 국가인가요?

만약 여러분의 질문에 이러한 의미 부여를 허락한다면, 저는 만족스럽게 '그렇다'라고 대답할 것입니다. 저, 또는 다른 누군가가 가상 세계의 국가 원수가 된다면, 마음에 쏙 들어할 것입니다. 그런 일이 일어난다면 여러 가지 노력이 성공을 거둔 것이며, 실제의 이탈리아는 더 나은 나라로 존재한다는 것을 의미할 것입니다.

 종교

세계화의 성장에도 불구하고 우리는 끝까지 유일신의 존재를 믿어야 할까요?

경제·문화·종교 등과 세계화 사이에는 연결 고리가 형성되어 있습니다. 그러나 이 질문에 대한 대답은 간단합니다. "아닙니다." 세계화를 정의내리고자 전체적인 현상이 필요하거나 그 현상들의 현대화가 필요한 게 아니라, 상이한 종파들 간의 승인이 필요하기 때문입니다.

표면적으로는 비교할 수 없는 세계화의 행진이 염려되는 만큼, 그 증명이 선행되어야 합니다. 전세계의 다양한 문화·역사·사회 유산은 강력한 시장 개방 추세에 의해 차츰 사라질 것입니다. 게다가 종종 왜곡된 방법으로 반대 현상이 확인되기도 하는 추세입니다. 향락적인 관습을 통해 세속적이고 회의적인 점을 확인하는 중에, 자칫 상반된 입장을 옹호하게 되고, 각 문화의 전통을 해치게 될 것입니다.

간단히 말하면, 세계화의 결과물로서 종교적 획일성(유일신설)이 위험한 것은 아닙니다. 오히려 고유한 문화적 본질의 근원이라는 점에서, 고유 종교 옹호에 관계된 맹목적 신앙이 위험할 것입니다. 벤저민 바버의 이미지를 사용하는 데, 지하드(이슬람교도에게 전쟁을 수단으로 이슬람을 전파하도록 하는 종교적 의무)와 맥도널드는 두 개의 상반되는 현상처럼 보여질 수 있지만, 동시에 두 가지 모두 세계화의 시대에 속하는 것이기도 합니다.

이러한 '극단적인' 예를 드는 대신, 각 민족의 다양한 문화적 잠재성이 자동 존속하면서 자동 혁신을 기본적으로 하며 보호된다는 것을 잊어서는 안됩니다. 신에 대한 개념이 역사와 문화에 깊은 뿌리를 두고 있음을 간과해서도 안 됩니다. 세계화 현상들의 충돌하에 (의사 소통의 충격을 생각합시다), 다양한 문화들이 서로 만나고 변화하고 발전하고 적합하게 받아들여지고 있습니다. 그러나 늘 고유의 특이성에 따라 새로운 것을 흡수합니다.

이쯤에서 종교 분열이 반드시 분쟁의 원인인지를 질문해봅시다. 최근에 발발했던 전쟁들, 세계 곳곳에 감도는 긴장들은 인종 문제 외에 종교 문제 때문에도 분열이 일어난다는 것을 말해줍니다. 종교적이고 인종적인 긴장들은 정치에 의해 조작되기도 합니다. 주로 정치 때문에 분쟁에 휩싸이기도 합니다.

어쨌든 유일신을 따르는 단 한 가지 형태의 종교를 믿지 않듯이 (오늘날 세계적인 경향을 띠는 S. 헌팅턴의 유명한 연구 제목에서 빌려오면 '문화 충돌'이라는) 인종적 또는 종교적 분열에 의해 강제로 이루어지는 필연적인 단 한 가지 형태의 종교 또한 믿을 수 없습니다. 이 답변이 충분하지 못하다는 것을 알고 있습니다. 그러나 우리들이 살아가는 세상은 본래 모순이 가득합니다.

다가올 새천년을 향한 진정한 도전은 다양성 가운데서, '공존'이라는 원칙에 근거한 민주적인 규칙과 제도들을 찾아내는 것입니다. 요점은 공존으로 인해 발생할 우려들을 민주적인 방법으로 통제한다면, 그리고 공통적인 기반 위에 보호할 만한 보편적인 가치들을 합법화하는 조건이라면, 문화 · 종교 · 문명의 다양성은 고갈되지 않는 부를 남겨준다고 믿습니다.

러시아 종교 철학자인 블라디미르 솔로비요프의 작품 《반그리스도교인의 이야기》가 연상됩니다. 솔로비요프는 종교적이고 정치적인 힘을 지닌 '완벽한' 인간을 상상합니다. 이 인물은 그리스도교인들 간의 논쟁을 끝내면서 세계의 평화를 이룹니다. 서로를 반그리스도교인이라고 여기는 다양한 교회의 우두머리들, 곧 천주교인·그리스도교인·그리스 정교인, 세 종파 모두 예루살렘에 모이게 합니다. 이 이야기의 의미는 이렇습니다. 다양성에 의해 비롯되는 긴장이 수위를 넘어서는 안 된다는 것입니다. 바로 이 다양성 때문에 문화적 차이를 드러내는 국가간에 균형이 유지되어 다양성이 보장됩니다.

각 종교가 근본적으로 다른 종교에 담긴 형이상학의 공통 가치를 알게끔 해야 합니다. 사람들은 대부분 형이상학적인 가치, 사후의 삶, 신을 믿습니다. 그리스도교인·불교인·이슬람교인·유교인 등 인류 대부분에게 심오하고 공통적인 이 특징은 세계적인 원천이 될 것입니다.

형제애와 평화는 모든 종교의 유산으로, '선한 정치' 외에 상호 인식에 따른 상이한 정체성을 상호 존중함으로써 보장받을 수 있습니다.

세속적인 인간임에도 불구하고, 형제애와 평화를 인도하는 종교인들과 사람들의 정신력이, 평화의 힘으로 그 정신력을 변화시키는 데 기여할 수 있고, 기여해야 한다고 믿습니다

이러한 것들이 우리의 미래가 달린 세계적인 문제점들에 대한 협정을 용이하게 할 수 있는 심리적·사회적·문화적 필요 조건 가운데 하나가 될 수 있습니다. 환경, 인구 통계학적 문제, 성장, 안전에 관계된 근본적인 선택들이 보다 쉬워질 것입니다.

에이즈의 확산을 지연시킬 수 있는 효과적인 치료법들이 있다지만, 50년 간 아프리카 인구의 상당수가 에이즈로 죽어가고 있습니다. 이런 상황을 어떻게 설명하시겠습니까? 그리고 어떤 계획이 있습니까?

에이즈는 국경 없는 질병입니다. 그러나 HIV 감염자(에이즈 양성 반응자)의 95퍼센트 이상이 후진국에 살고 있다는 보고가 있었습니다.

빈곤과 에이즈, 일반적으로 빈곤과 전염병은 밀접한 관련이 있습니다. 빈곤은 에이즈의 확산을 부채질하고 에이즈는 빈곤의 상황을 강화시키기 때문에 악순환이 되풀이됩니다. 예를 들어 보츠와나에서는 에이즈 때문에 1990년대 초 태어난 신생아의 예상 수명이 마흔 살을 조금 넘습니다. 에이즈가 없다면 예상 수명은 일흔 살에 달할 것입니다.

빈곤의 배후에는 폭력 · 무지 · 남성우월주의 · 성적 조로 현상 같은 부정적인 사회적 관습이 가득하기 때문에 그렇습니다. 모두 HIV 확산의 직접적인 원인입니다.

그래서 에이즈로 인한 아프리카의 높은 사망률을 설명하자면 그 지역의 사회 · 경제 조건들에서 원인을 찾아야 합니다.

아프리카에서 에이즈가 점차 확산되는 보다 직접적이고 자세한 이유를 설명하면 이렇습니다. AZT 요법 같은 성공적인 치료법들은 매우 비싸고 긴 치료 기간을 요구합니다. 때문에 후진국들은 폭 넓게 AZT 치료법을 실행하지 못합니다. 한편 지역 의료 체계가 실제 제 기능을 발휘하지 못하는 실정입니다. 의료 예산이 줄어들고, 병원과 의약품이 부족하고, 의사들은 더 좋은 직업 환경을 찾아 떠나고, 기존의 의료 구조는 절망적인 상태입니다.

잠비아에 있는 한 병원의 기가 막힌 상황을 들어보죠. 그곳에서는 환자의 3분의 2가 에이즈로 죽어가고 있는데, 병 때문에 그런 것만이 아니라 병원이 환자들에게 적절한 치료를 하지 못하기 때문이기도 합니다.

이런 상황이 가져오는 가장 끔찍한 파급 효과는 에이즈로 인해 아프리카 아이들이 떼죽음을 당하고 있다는 사실입니다. 아프리카 대륙의 신세대가 사라지고 있습니다. 임신 중인 여성의 30퍼센트 이상이 양성 반응자이며, 그들 자녀의 25~35퍼센트는 에이즈에 감염된 채 태어납니다. 요컨대 HIV/AIDS로 실제 고통을 겪고 있는 100만 명의 아이들 가운데 9할이 사하라 사막 이남의 아프리카 태생입니다.

거대한 도전이 남았습니다. 아프리카 사람들의 상황을 호전시키기 위해 우리는 양적으로나 질적으로 더 많은 일을 해야 합니다. 모든 선진국들처럼 이탈리아는 에이즈에 대항해 투쟁해야 합니다. 전염병의 재발과 광범위한 확산은 지구촌 전체가 관련된 문제입니다. 국제 안전, 곧 인간의 안전이 달린 새로운 차원의 문제입니다.

먼저, 국제적인 우리의 의무 가운데 하나는 빈곤에 대항하여 싸워야 한다는 것입니다. 이탈리아는 이러한 도전을 준비하면서 다양한 방법을 모색하고 있습니다. 이탈리아의 국제 협력 정책을 쇄신하고 자극할 새로운 법을 마련하고, 앞으로 발전 지원이 축소되지 않도록 재정 자원을 늘리고 있습니다. 또한 국제 협력 활동에 이탈리아 시민 단체와 지방 공공 단체들이 적극적으로 참여하도록 유도하고 있습니다. 새로운 지구촌 문제, 안건이 되고 있는 HIV/AIDS의 확산이라는 문제에 대해 맡은 바 영역에서 중요한 역할을 다할 수 있도록 심사 숙고할 것입니다.

그 점에서 이탈리아 정부는 가난한 국가들의 외채와 관련해 첫번째 일을 했습니다. 쾰른 정상 회담에서, 이탈리아는 연간 순이익이 300달러 이하인 국가의 외채를 탕감하자는 획기적인 사업을 적극 주창했습니다. 사하라 사막 이남 아프리카의 모든 나라들이 해당됩니다. 이 나라들이 외채를 갚는 데 사용하는 자원을 의료·사회 건설로 돌리자는 제안이었습니다.

외채 탕감 문제는 아프리카 통치자들과의 정치 회담이 반드시 요구되는데, 발전 자금이 부패나 낭비로 인해 오용되지 않도록 하기 위해서입니다. 한편 아프리카의 현실에 맞지 않는 의료와 사회 건설 모형이 재발되지 않도록 해야 합니다. 전염병 확산 지역에 마실 수 있는 물, 청결 습관, 성 교육, 기초 생필품, 기타 예방 조치들을 제일 먼저 보급해야 합니다.

이탈리아는 이미 세계보건기구WHO, 유엔 에이즈 기구UNAIDS 같은 국제 기구에 공급하고 있는 지원을 후진국 HIV/AIDS 확산 지역에 더 많이 제공할 생각입니다. 이탈리아 협력 단체가 의회에 제출했던 새로운 재정 정책 가운데 에이즈와의 전쟁이 최우선 목표로 부상하고 있습니다.

답변을 마치기 전에 과학적인 연구와 실험이 주는 희망을 강조하고 싶습니다. 위에서 언급했던 국제 기구들은 최근 첫번째 성과를 올렸습니다. 국제 과학 단체와 보건 단체들이 위생 문제를 빈곤 문제와 연관짓도록 했던 것입니다. 치료와 연구를 위한 기본 대책을 마련할 뿐 아니라 세계 인구의 대다수를 강타하고 있는 빈곤과 싸워야 한다는 것입니다.

후진국 문제를 해결하기 위한 국가간 조직들과 과학 기술 공동체의 보다 많은 협력 연구는 국제 협력을 이끌어내는 가장 새롭고 흥미 있는 전망들 가운데 하나입니다.

HIV/AIDS와의 싸움에 빛을 줄 희망이 이런 유형의 연구 프로그램에서 나왔습니다. 미국과 우간다 연구자들이 내놓은 HIVNET 012는 아프리카 아동들의 가장 일반적인 전염병인 모자 사이의 HIV 바이러스 전달을 감소시킬 수 있는 결과를 얻었습니다. NVP를 기초로 한 치료가 예상되는데, AZP보다 치료 기간이 짧고 더위에 강해 효과적일 뿐 아니라 가격도 저렴합니다.

이런 연구는 빈곤과 전염병이라는 이항식을 푸는 데 중요한 실마리를 제공합니다. 국제 협력 프로젝트의 표준 비용에 비해 상대적으로 비싸지 않은 비용(지금까지 200만 달러)으로, 아프리카 상황에 맞는 치료법 연구에 노력하고 있습니다.

 과학

미래에는 과학자가 세계를 지배할 것이라 생각하십니까?

과학은 이 시대의 문화를 결정합니다. 위대한 과학 지식은 20세기에 놀라운 발전을 했습니다. 위대한 과학 정복의 세기로 미래에도 기억될 것이라 확신합니다.

물리학은 우주와 우주의 역사 그리고 물질에 대한 보다 깊은 이해를 제공했습니다. 이러한 물질에 대한 이해는 고대 그리스인들이 가졌던 인간이 우주를 몸에 지니고 있다는 생각들을 근본적으로 수정했으며, 거시에서부터 미시로, 우주에서부터 보다 작은 미립자에 대한 인식의 전환을 불러일으켰습니다.

생물학은 최근 수십 년 간 놀라운 발전을 했으며, 여전히 놀라운 발전을 하고 있습니다. 생명에 대한 이해와 변천 그리고 특이한 조직에 대한 이해는 인간만의 독특한 위치와 기능이 있다는 인식과 인간의 고유한 영역이라고 여겨졌던 것에 수정을 가했습니다.

생태학은 20세기에 처음으로 중요한 걸음을 내딛었습니다. 현 생활권에서 자연의 균형이 얼마나 복잡하고 세밀한지, 우리 모두가 그 생활권을 지켜야 한다는 책임감을 느끼게 합니다. 오늘날 이룩한 생태학의 발전은 조상들이 우리에게 물려준 자연의 중요한 자원들을 미래의 후손들에게도 물려줘야 한다는 인식을 갖게 했습니다.

그러나 20세기가 단지 위대한 발견과 기본 학문 분야에서의 위대한 이론들 때문에 중요한 것만은 아닙니다. 저는 이 세기가 미래에도 응용 학문의 연구와 기술 연구의 세기로 기억되리라 확신합니다.

사실상 20세기는 처음으로 인간을 초대하고 있는 행성, 곧 지구 아닌 다른 별에 발을 들여놓은 시기이기도 합니다. 1999년은 인간이 달에 착륙한 지 30년 되는 해입니다.

20세기에 컴퓨터가 발명되었고, 컴퓨터를 이용해 막대한 양의 정보를 처리할 수 있게 되었습니다. 모든 사람들이 교신할 수 있는 세계적인 컴퓨터망이 개발되기도 했습니다. 이러한 컴퓨터망을 통해 과거의 역사에서는 찾아볼 수 없는 막대한 정보에 쉽게 접할 수 있게 되었습니다.

또한 20세기는 의학 분야에서도 큰 발전이 있었던 세기로 기억될 것입니다. 최근 수백 년 간 인간의 평균 수명이 두 배 이상으로 늘어났습니다. 유아 사망률이 대폭 감소되었고, 비극의 원인이었던 전염병이 해결되고 있습니다. 아직도 몇몇 지역에는 남아 있긴 하지만 말입니다.

또한 이 세기는 생명공학의 도움으로 살아 있는 유기체를 만든 놀라운 세기로 기억될 것입니다. 특히 의학 분야나 농업 분야에서 새롭고 놀라운 발견이 이루어지고 있습니다.

지금 언급했던 모든 것들이 이 사회에 지대한 영향을 주었습니다. 과학은 우리 문명에서 중요한 분야입니다. 과학에 근거를 둔 기술 발명은 경제와 인간 사회에 많은 영향을 끼치고 있습니다.

우리에게 위대한 발견과 기회를 제공해준 그리고 지속적으로 제공해주고 있는 과학자들에 대해 재인식해야 합니다. 과학에 대해 재인식하는 것이 사회적인 분위기로 조성되고 있습니다. 오늘날 전세계에서 연구하고 있는 과학자들의 전체 수는 다른 시대에 존재했던 과학자들의 전체 수를 넘어서고 있습니다. 아인슈타인과 같은 과학자들은 전세계에 널리 알려졌을 뿐만 아니라 이 시대의 신화로 기억되고 있습니다.

과학과 정치의 거리가 좁혀지고 있습니다. 과학자들의 정치 참여가 늘어나고 있는 실정이며, 과학자들이 사회의 지역적인 문제 또는 국부적인 문제의 해결책을 제시할 뿐 아니라 개인주의화에도 많은 기여를 하고 있습니다. 과학자들이 정책 결정에 참여하는 경우도 늘고 있습니다. 그렇다고 해서 과학자들이 정치가가 될 거라든가 세계를 다스릴 것이라 생각지는 않습니다.

이러한 생각을 하게 된 이유는 두 가지입니다. 첫번째는 과학자들은 연구를 하고 싶지 세상을 지배하고 싶어하지 않는다는 데 있습니다. 두번째는 일·문명에 대한 관심, 열정 또는 과학자들 간의 경쟁은 지배보다는 새로운 것을 습득하고자 하는 데 있다는 것입니다. 물론 다른 시민들처럼 몇몇의 과학자가 정치가가 될 수는 있겠지요.

이런 연유로 과학자들이 세계를 지배할 것이라 생각지는 않습니다. 저는 전적으로 민주주의와 그 방법을 믿습니다. 과학은 새로운 지식을 만들어낼 수 있습니다. 기술은 새로운 기회를 부여할 것입니다. 이러한 지식의 사용과 기회의 수용은 민주적인 기관을 통해 이루어지고 있습니다. 선택의 책임과 권한은 우리 모두에게 있습니다. 과학자들은 우리에게 충고할 수 있고, 정책을 입안하는 데 적극적이어야 합니다. 원자력·정보 기술·생태학을 이용할지 않을지, 어떻게 사용할 것인지는 우리가 결정하는 것입니다.

과학적인 지식은 전문화되어가고 있고 빠르게 발전하고 있습니다. 기술은 거의 통제력을 상실한 듯 발전하고 있습니다.

과학과 기술이 새로운 가능성을 제공해주기도 하지만 한편으로는 새로운 사법적·사회적·윤리적인 문제를 일으키기도 합니다. 생물학적인 새로운 조사 대상이 된다든가 유전적인 위협을 받는다는 것을 생각하는 것만으로 충분합니다. 유전학은 예방책을 제시해주며 중병 치료에 도움을 주지만 이로 인해 새로운 형태로 사회가 구분될 수도 있습니다. 예를 들어 암 면역 체계가 있는 사람들에게 면역 체계를 없애는 결정을 내릴 수도 있습니다. 어쩌면 정보, 병의 유형과 행동에 따라 사람들을 구분할지도 모릅니다. 유전공학과 약은 인간에게 유익할 수도, 해가 될 수도 있습니다.

정치가 과학을 두려워해서는 안 됩니다. 무엇보다도 우리의 임무는 과학이 우리에게 내미는 도전을 받아들이는 것입니다. 그 도전을 받아들이기 위해서 잠재적인 문제를 찾아내고, 과학과 기술의 성급한 발전을 통제하고, 시민과 사회를 발전시키는 원천으로 활용해야 할 것입니다.

 경제

금융 시장은 토빈세에도 불구하고 살아남을 것입니다. 그렇게 해서 조성된 자금이 세계적으로 가장 위협적인 불법 행위들과의 싸움에 이용될 수 있다고 생각지 않으십니까?

정상적으로 금융 시장에 투자되는 자금의 아주 적은 부분만이라도 빈곤한 국가들이 직면해 있는 문제들을 해결하는 데 이용될 수 있다면, 수억에 달하는 사람들의 생활 수준이 눈에 띄게 달라질 것입니다. 이 질문이 심각하지는 않지만, 사실 그 내용을 살펴보면 세계화가 제기하고 있는 가장 심각한 문제들 가운데 하나입니다. 문제는 막대한 양에 달하는 자금의 이용 가능성과 세계 인구 대부분의 생활 수준을 유지하기 위해 자금을 이용하는 데 극도의 어려움이 뒤따른다는 사실입니다. 자금 시장의 실패는 최근에 있었던 금융 불안정에 대한 몇몇 일화들에서 찾아볼 수 있습니다.

금융 자금 흐름에 세금을 부과하여 그 수익을 가난한 사람들의 생활 수준을 향상시키는 데 지원하고, 재원을 보다 바람직한 목적에 이용되도록 재배치하여 금융 시장의 과도한 동요를 완화시킨다는 이중의 목적을 충족시킬 수 있다는 사실을 감안한다면, 이 생각은 매력적입니다. 저는 이론상으로는 훌륭하다고 생각하는데, 실제로도 가능할까요?

국제적인 금융 자본에 세금을 부과하는 데 대한 '반대' 의견은 이렇습니다. 세금 부과의 효율성은 모든 사람에게 골고루 적용될 때 살아납니다. 만약 어떤 국가가 유입될 자본에 세금을 부과하지 않는다면, 세금을 부과하기로 결정한 국가들의 조세 기반은 흔들릴 것입니다. 종당에는 어떤 나라도 그 세금 제도를 도입하지 않을 것입니다. 이 의견도 정확하지 않을 수 있습니다. 만약 대규모의 경제 체제인 미국과 유럽 연합이 그 세제를 도입하기로 결정한다면, 다른 결정을 내린 국가들에게는 무시무시한 압력이 될 것입니다.

따라서 제가 제기하고 싶은 첫번째 주요 논점은 이렇습니다. 국제 금융 시장을 보다 잘 조직하고 감시하려면, 주요 금융 및 경제 대국들이 연계한 공동의 지도력이 필요합니다. 전세계적 규모의 체제를 관리한다는 엄청난 문제에 대한 해결책은, 주요 금융 및 경제 대국에 달려 있습니다. 보다 효율적이고 공정한 국제 시장 체제를 위해서는 강력한 국제 단체가 필요합니다. 주요 경제 대국들은 현재 그들이 하고 있는 것처럼, 자신들의 모든 지원책과 권한을 국제통화기금IMF이나 세계은행IBRD과 같은 단체들의 역할을 강화시키는 데 제공해야 합니다. 주요 경제 대국들은 또한 50년 전에 생겨난 이 단체들이 '세계화'라는 새 과제에 걸맞게 제도적 문제를 고쳐 나갈 수 있는 방법을 제시해줘야만 합니다. 특히 주요 경제 대국이, 국제 금융 시장이 개발 도상국들에 가하는 압력을 조정해주는 원칙은 다음과 같습니다. 적절한 경제 정책들과 그 결과, 늘 그렇지는 않지만 그들이 통제할 수 없는 경우가 빈번한 취약한 층을 보호하는 것을 요구합니다. 이제까지 거시경제학적 원칙의 '전통적 지식'에 의해 강제되는 조정 정책들은, 해당 정책에 의해 발생하는 사회적인 결과를 전적으로 무시해왔습니다. 더불어 개방된 시장은 소수의 사람들에게만 혜택이 돌아가며 다수의 사람들에게는 피해를 준다는 생각을 조장해온 경우가 더 흔했습니다. 요컨대, '세계화'는 흔히 사회적 불공평을 연상시켜왔던 것입니다.

유감스럽게도 사실인 경우가 흔하지만, 피할 수 없는 것은 아닙니다. 세계 시장이 그 기능을 발휘하는 데 근본적으로 왜곡된 점들을 바로잡거나 제거할 수 있는 새로운 '게임의 법칙들'을 제시하는 것은, 부유한 국가들의 정부가 책임져야 하는 주요 사안입니다. 각 단체들의 역할은 새 규칙의 도입과 규칙 수행을 감시하면서 상존하는 시장 기능의 오류를 바로잡는 것입니다. 이 문제는 '새로운 금융 건설'이라는 토론에서 다뤄진 바 있는데, 1999년 6월 쾰른 정상 회담에서 논의되었던 주요 의제들 가운데 하나였습니다. 부유한 국가들의 정부는 이러한 측면에서 몇몇 공통의 원칙들과 권고 사항들에 합의했습니다. 이제 시작 단계인 이 과정은 엄격하게 감시되어야만 합니다.

좀더 효율적이고 공평한 시장 기능은, 민간 부문 대표자들의 행동이 달라지도록 요구합니다. 금융 시장에서 이루어지는 바람직하지 않은 거래 가운데 하나는 '단기주의' 입니다. 단기주의 성향은 빠른 시간 내에 이윤을 추구하기 위해 단기 자금을 투자하는 행위로 드러납니다. 이러한 단기 투자는 부의 확대에 기여하지 못하며, 새로운 고용 창출로도 이어지지 않습니다. 금융 거래업자들의 경우를 예외로 한다면 말입니다. 또한 단기 투자는 기근이나 빈곤한 국가 국민들의 생활 조건과 같은 주요 문제점들을 감싸는 데 전혀 기여하지 못합니다.

바람직한 시장 기능의 작용은 높은 성장과 고용 기회 창출, 기술적 진보, 생활 수준의 개선으로 이어지는 장기 투자를 강화하는 것입니다. 많은 개발 도상국들은 부유한 경제 체제들로부터 유입되는 실질적인 가치를 지닌 장기 투자의 혜택을 받아왔습니다. 세제를 통한 보상이 투자를 유치하는 데 효과적이었습니다. 이러한 점 때문에, 저는 장기 투자를 목표로 하는 국제적인 세금 정책을 지지합니다. 이 경우도 세계 수준의 세금 정책 수행에 대한 '근본적인 반대 의견'이 효력을 발휘하게 될 것입니다. 원칙적으로, 모든 국가들은 '국고 경쟁'으로 알려져 있는 것을 피하기 위해서라도 세금 정책을 시행해야 합니다. 이때, 실제적으로, 만약 주요 경제 대국들이 최소한의 원칙에서라도 어떤 공통의 정책에 합의한다면, 그들은 국제 경제 체제가 굴러가는 방식에 중요한 변화를 초래할 것입니다.

변화가 필요한 국제 금융 시장의 조직이 안고 있는 또 다른 측면은 금융 위기 비용 분배 방식입니다. 대부분의 경우, 금융 위기에 대한, 잘못된 정책의 결과와 시장 실패에 대한 조정의 부담은, 가장 보호를 받지 못하는 사람들의 어깨에 지워집니다. 반면 위기 자체에 대한 궁극적인 책임을 져야 하는 경우가 대부분인 민간 부문의 금융 시장은, 비용을 부담하는 경우가 있다 할지라도 아주 적은 비용만을 지불하게 된다는 것은 받아들일 수 없는 일입니다. 더 나아진 국제 금융 시장은 실패한 사람들이 실수에 대한 대가를 지불하는 곳이어야 합니다. 민간 부문에서 현실적인 관리와 아울러 위기 관리 비용 배분에 대한 개입은 현재 진행 중인 '새로운 금융 건설' 논의의 주된 요소입니다.

마지막으로, 재원 재배치 문제는 빈국들의 외채 문제와 연결됩니다. 1999년 6월에 있었던 '쾰른 정상 회담'에서는 외채 비율이 높은 빈국들 가운데 일부의 빚을 탕감해주었습니다. 이는 빈국들을 지원해주는 적절한 조처로 기록되었습니다. '외채 탕감'에 대한 많은 노력이 이루어져야 하지만, 이 전략은 분명한 원칙에 근거한 것이어야만 합니다. 이탈리아는, 분쟁의 해결 수단으로 전쟁과 폭력 사용을 포기하는 국가만 외채 탕감을 해주어야 한다는 견해를 내놓았습니다. 평화와 경제적 진보는 동전의 양면과 같기 때문입니다.

저는 국제적인 제도에서 경제·금융 재원의 배분은 최소한 세계 인구의 빈곤층이 안고 있는 가장 심각한 문제들 가운데 일부를 향하도록 그 방향이 재조정되어야 한다는 데 동의합니다. 특정 조건하에서는 금융 거래에 대한 세금 부과가 훌륭한 아이디어일 수도 있습니다. 하지만, 그외 다른 조처들과 정책들도 동일한 목적에 유용하게 적용될 수 있습니다.

 새천년에 대한 비전 1

10년, 20년, 30년 전에 모든 사람들이 2000년을 상상하려고 했습니다. 총리께서 스무 살에 상상한 2000년은 어떤 모습이었습니까?

1969년에 스무번째 생일을 맞았습니다. 당시 우리에게 2000년은 상징적인 의미였고 구체적인 계획을 세우거나 상상하기에는 아주 먼 시간이었습니다. 정책적인 문서보다는 공상 영화에서 세기말에 대한 유혹을 느끼곤 했습니다. 대신 정치는 이미 2000년대를 대비하고 있었으며 미래에 대한 투자도 하고 있습니다.

그때에 대한 기억이 선명하군요. 특히 1968년에는 전 유럽에서 학생 운동이 일어났었고, 프라하에는 무장한 소련 전차가 입성했습니다. 저희 세대는 '전환점'으로 묘사됩니다. 현실은 우리가 생각했던 것과 거리가 멀었으며, 사람들은 바뀔 수 있었고 바뀌어야만 했기에 긴박한 행동을 취했습니다. 이러한 것이 이탈리아 좌파 계열 정당인 청년 이탈리아당의 기원이 되었습니다. 우리는 역사 속에서 세계관을 정립하려고 했으며, 그것이 임무이자 소명이라고 생각했습니다.

우리는 2000년에 대해 생각하지 않았습니다. 그러나 정치적인 이상과 사회, 기관 심지어 인간 관계까지 위협할지도 모르는 큰 변화에 대해서는 긍정적이었습니다. 이때 열정·급진성·개인 의식·문화·의상에 새로운 열풍이 불었습니다.

이상적이고 결정론적인 접근 방식의 한계와 취약점을 감추고 싶지는 않습니다. 당시에 가치의 길잡이가 되었던 일반적인 틀이 없었다고 말할 수는 없습니다. 양극화되어 있는 세상에 대해 생각해봅시다. 정치적으로나 경제적으로 국가의 모델이 양분되어 있는, 또는 물리적이거나 윤리적인 경계에 의해 대립되어 있는 두 분야에 대해 생각해봅시다. 여기에서 각자가 생각하고 있는 문화와 역량에 대해 이야기하려는 것은 아닙니다. 시장 경제, 민주주의, 다원주의의 구분은 이탈리아에서 좌파의 전통이었고, 특히 이탈리아 공산주의 전통이긴 하지만 분열과 논쟁을 일으켰던 용어들입니다. 이러한 양분은 합당에서 중심이 되었던 당과 서구 민주주의 부합 여부에 따라 구분되었습니다.

이 시기의 긍정적인 요소들 가운데 하나는 미래를 낙관했다는 사실입니다. '우리 이후'의 세계는 다를 것이라는, 더 나을 것이라는 확신이 있었습니다. 과거의 역사에 비해 지적인 자원과 도덕적인 자원을 충분히 이용할 수 있으리라 믿었습니다. 앞으로 나아가면서 부딪히는 드라마틱한 문제를 피하지 않았으며, 길들여지거나 굴복되지 않을 것이라는 정신으로 문제를 대했습니다. 이 같은 것이 당시의 열정이며 널리 퍼져 있던 현상이었고, 인격 형성에 영향을 끼치는 요소이기도 했습니다. 이러한 긍정주의가 빠르게 발전하는 과학적인 이미지에, 기술의 국경 개방에, 의학 분야 발전에 영향을 주었다고 생각합니다. 성장에 대한 자각이 복지 · 부 · 새로운 자유와 기회를 제공했습니다.

　그러나 이러한 인식은 좌파에서 제기하던 문명의 한계에 뿌리를 두고 있습니다. 좌파에서 제기한 한계는 성숙돼가는 개인 희망을 수집하는 데 어려움이 뒤따른다는 것입니다. 낙관적인 의미에서 기회의 성장은 정치와 문명의 방향에 중요한 역할을 했습니다. 빠른 성장으로 개인이나 가족이 사회에 품었던 야망과 관습이 타격을 받기도 했습니다. 정치는 세상을 해석하려는, 지배하려는 시도로 인해 개개인의 변화에 신경쓰지 않았습니다. 1980년대의 보수적인 영향을 받은 듯합니다. 지나치게 정치적인 눈으로 세상을 읽어냈기 때문에 우리 주위에서 성숙되는 깊은 변화를 평가 절하하기도 했습니다. 물론 나이가 50인 사람의 평입니다.

　결국 우리는 2000년을 상상하는 데 많은 정열을 쏟았습니다. 물론 그랬었다고 원하는 바이긴 합니다. 효율성 문제는 관심 밖의 일이었던 것 같습니다. 그렇지만 잘못되었다고 말하고 싶지는 않군요. 만일 열망과 열정이 베일에 싸여 있었다면 우리 세대는 책임을 느껴야 할 것입니다.

 새천년에 대한 비전 2

과학과 기술의 진보는 인간 관계의 고리를 흔들어놓았으며, 자기 파괴의 가능성을 증가시켰습니다. 이를 고려한다면, 새천년에 인류의 미래는 어떻겠습니까?

역사상 처음으로 인류는 완전히 자기 자신을 파괴할 능력을 얻었습니다. 대량 살상의 강력한 힘이랄 수 있는 화학 무기부터 핵무기까지 모두 20세기에 만들어졌고 사용되었습니다. 거대한 무기고들이 세워졌습니다. 그래서 20세기 후반 인류는 한 번만이 아니라 여러 차례 자신을 파괴할 수 있을 정도의 양적 · 질적 무기를 가지게 되었습니다.

대량 살상 무기 제작은 이미 제1 · 2차 세계 대전으로 시작되었습니다. 가공할 만한 파괴력을 지닌 무기들은 냉전 시대에 만들어졌습니다. 냉전 시대 양쪽 진영은 이데올로기 · 경제 · 군사적 이유로 서로 대립했습니다. 40년 이상 양 진영은 점점 크고, 점점 세련된 대량 살상 무기를 만들고 상대방을 겨누었습니다. 그 무기들은 발사 준비가 늘 되어 있었고, 여러 번 인류는 전면전의 파멸로 치달았습니다. 인류의 종말을 가져올 수도 있는 충돌이었습니다. 그러나 결코 경계를 넘지 않았습니다. 두려움에 근거한 균형은 깨지지 않았습니다. 이성의 힘이 늘 전쟁의 광기보다 우세했던 것입니다.

오늘 우리는 미래를 크나큰 믿음의 눈으로 바라봅니다. 대립했던 두 진영은 이제 존재하지 않습니다. 더 이상 전면전을 두려워하지 않습니다. 대량 살상 무기가 초긴장 상태로 대기하지도 않습니다. 실수로 인한 전쟁의 위험도 줄어들었습니다.

핵무기 · 생화학 무기는 부분적으로 철거됐다 해도 아직 전체 인류를 여러 번 파괴할 정도입니다. 열강들과 국제 공동체는 이 무기들을 점진적으로 해체하는 데 협의하고 있습니다.

때때로 핵무기와 생화학 무기 해제를 둘러싸고 분쟁이 발생합니다. 그렇다 해도 시작된 과정이니 잘 진척되리라 믿습니다. 인류는 자기 파괴의 능력을 스스로 거부할 것입니다.

물론 과학 기술이 인류를 위해서가 아니라 인류에 반해 사용될 수 있는 가능성이 아직도 남아 있고 늘 있을 것이라 생각합니다. 우리는 이 위험을 통제하는 법을 배워야 합니다. 어떻게 배워야 할까요? 핵물리학의 역사는 1939년 독일 화학자 오토 한의 공로로 우라늄 핵분열을 발견했던 것 같은 기초 과학의 발견이 몇 년 만에 군사적 목적으로 이용될 수 있다는 것을 가르쳐주었습니다. 1945년 핵폭탄 제조로 이어진 '맨해튼 프로젝트'의 역사는 과학자들이 여러 이유로 대량 살상 무기 제조에 휘말릴 수 있다는 것을 보여주었습니다. 과학의 진보는 과학자들의 손에 거대한 힘을 건네주었습니다. 그래서 과학자들은 책임감을 갖고 그 힘을 관리해야 합니다.

사실 핵무기의 역사는 과학자들이나 기술자들만이 과학 지식을 응용하면서 책임감을 느껴야 한다고는 말하지 않습니다. 결정적인 선택은 정치인·군인·경제인·전체 사회에 의해 행사됩니다. 이 선택이 늘 민주적인 방법으로 인간의 복지를 위해 행사되도록 우리는 기원해야 합니다. 아니 지속적으로 노력해야 합니다. 그것은 과학 문화를 발전시키고, 기술 혁신이 사회 각층에서 민주적으로 관리되어야 한다는 것을 의미합니다.

당연히 과학 기술을 (인류에게) 위험한 요소로 바라볼 수 없고 그래서도 안 됩니다. 위험은 의식해야 하지만 과학 지식이 주는 모든 기회를 붙잡아야 합니다. 핵물리학의 발전은 대량 살상 무기를 제작하는 데 이용되었던 과학 지식의 응용이 인류의 복지를 위해 사용될 수 있다는 점을 보여주었습니다. 핵물리학의 지식은 잘 통제되면 에너지를 생산하는 데 이용될 수 있습니다. 또한 핵물리학은 의사들이 병을 진단하고 치료하는 데 도움을 줄 수 있습니다. 아니 이미 폭넓게 도움을 주고 있습니다.

이 말로 질문 후반부에 답하고 싶습니다. 저는 인간의 미래가 이미 씌어져 있다고 생각지 않습니다. 미래는 열려 있다고 생각합니다. 우리가 미래를 만들려고 노력해야 합니다. 과학 기술이 더 나은 미래, 바람직한 미래를 만드는 데 도움을 줄 수 있습니다.

이제 인류는 더 이상 전면적인 핵 또는 생화학 전쟁의 갑작스런 발발로 인한 자기 파괴의 위험에 직면해 있지 않습니다. 그러나 인류 전체와 관계된 다른 큰 위험들이 있습니다.

생태계의 위험도 그 가운데 하나입니다. 인간들은 지구의 기온을 변화시켜왔습니다. 또한 생태계의 변화를 가속시키고, 수많은 생물을 멸종시킨 책임이 있습니다. 한편으로는 사막화를 조장하고, 숲을 해치고 있습니다. 물의 순환을 변화시키기도 했습니다. 하지만 새천년에도 그럴 수는 없습니다.

인구 증가에 따른 식량 위기도 심각한 문제입니다. 요사이 인류 인구는 60억에 달하고 있습니다. 세기 초와 비교해 네 배나 늘어났습니다. 몇 십 년 후에는 80억 또는 90억에 달할 것입니다. 이에 반해 이용할 수 있는 경작지는 줄어들고 있습니다. 새천년에 우리 모두가 배불리 먹을 수 있을까요?

보건상의 위험도 있습니다. 인간의 평균 연령은 20세기에 두 배이상 늘어났습니다. 많은 불치병이 퇴치되었다 해도, 세계의 특히 남측 세계의 많은 사람들이 쉽게 치료할 수 있는 병 때문에 고통받으며 죽어가고 있습니다. 또 한편에서는 후진성과 빈곤으로 새로운 심각한 병들이 생겨나고 있습니다. 새천년에는 지구촌 모든 사람들에게 최소한의 보건 복지를 보장할 수 있게 될까요?

지구촌 빈부의 격차도 커지고 있습니다. 윤리적으로도 사회적으로도 지지할 수 없는 격차입니다. 미래에는 빈부의 격차를 좁힐 수 있을까요?

인류는 이러한 모든 문제들을 긍적적인 방법으로 해결할 수 있으리라 생각합니다. 지구촌 문제를 해결하기 위해서는 강력한 단결심이 필요합니다. 굳건한 정치적 의지도 필요합니다. 이것이 첫번째 조건입니다. 그러나 강력한 단결 의지가 있더라도 새로운 지식을 습득하거나 새로운 기술을 개발하지 않는다면, 어떠한 위험도 해소되지 않고, 어떤 문제도 해결되지 않을 것입니다.

과학 기술이 경제를 받쳐줄 새로운 수단을 찾아내는 데 도움을 주지 않는다면 생태계의 위험을 피할 수 없을 것입니다. 생산력, 특히 식량 분배의 효율성을 높이지 못한다면, 식량 문제를 해결할 수 없을 것입니다. 새로운 치료 능력이 없으면 지금의 병들과 새로운 병들을 퇴치하지 못할 것입니다. 제3세계의 발전을 지지해줄 기술적이고 조직적인 새로운 체계를 창안해내지 못한다면 지구촌의 사회 문제를 하나도 해결할 수 없을 것입니다.

과학 기술의 발전 그 자체가 문화와 사회의 발전을 보장하지는 않습니다. 그러나 과학과 기술 없이는 많은 지역 문제를 해결할 수 없는 것도 사실입니다.

만약 총리께서 지구에서 가장 가난한 국가들 가운데 한 나라의 국가 원수라면, 새 천년을 맞이할 이 나라를 위해 무엇을 하시겠습니까?

세상에서 가장 가난한 7개국 가운데 한 나라의 국가 원수라는 것은, 모잠비크·에티오피아·콩고·부룬디·시에라리온·니제르 혹은 탄자니아 같은 국가들 가운데 하나를 이끌고 있다는 것을 의미합니다.

이들은 모두 사하라 이남 아프리카 나라들입니다. 저소득 빈민이 가장 많으며, 빈곤이 세계에서 가장 빠른 속도로 번지고 있는 지역이죠.

이 7개국의 공통적인 현상은, 내전이나 외전을 겪는다는 사실입니다. 빈곤과 전쟁은 서로를 강화시킵니다. 가난은 전쟁을 유발하고, 전쟁은 빈곤을 악화시키면서 국가를 수렁으로 빠져들게 합니다. 그래서 평화는 사회 발전을 이룩하기 위한 선결 조건입니다.

수상으로서 첫번째 과업은 가난에 도전해 싸우는 것입니다. 전쟁 가능성을 줄이고 사회 결속을 다지면서 이 악순환을 깨야 할 것입니다. 실제적으로는 모든 인적 자원의 참여를 유도해 적절히 운용하며, 시민 단체·기업·시장의 활발한 활동을 유도할 조건을 창출해야 할 것입니다. 호의적인 제도적 환경을 조성하고 필요한 요소들을 장려하기 위해, 정부의 수장으로서 정책과 기관들이 실제 삶에 가까이 다가갈 수 있도록 지역 조직을 재정비할 계획입니다. 정치적인 면에서는 권한을 이임하고 지방 분권 형태로 모든 것을 바꿀 것입니다.

정부는 시민들 각자가 자신의 의무를 다해야 한다는 의식을 심어주어야 합니다. 노동자의 권익 보호는 발전을 위한 기본 요건입니다. 아프리카에 전통적으로 널리 확산되어 있는 소기업 구조를 바탕으로 부패되지 않은 건전한 시장 경제의 발전을 이룩하자면, 부동산·동산 같은 토지에 관련된 소유권 정리는 꼭 필요한 전제 조건입니다.

본인은 정책의 효율적인 운용, 정치 기관의 책임과 투명성에 우선권을 부여할 것입니다. 그것은 공공 행정에 믿음을 심어주고, 국가를 국제 사회의 일원으로 만드는 데 필요한 조건입니다. 정보의 유통을 원활히 하고, 정책과 입법을 결정하는 과정에 시민 단체와 기업의 주장을 적극 반영하면서, 국가의 모든 자원이 발전을 목적으로 운용될 수 있도록 할 생각입니다. 한편 재정의 신중한 관리와 공공 생산 비용을 통해 지역 자금과 기능이 적절히 유통될 수 있는 분위기를 조성할 것입니다.

인적 자원은 아프리카 국가들의 가장 큰 자원입니다. 후진 7개국의 인구 증가가 3퍼센트에 달하고, 모잠비크의 경우 연 3.8퍼센트에 달한다는 사실을 감안하면서 무얼 필요로 하는지 주목해야 할 것입니다.

기초 교육과 보건(유아 사망률이 시에라리온은 28.4퍼센트, 모잠비크는 21.4퍼센트), 자원 개발, 고용 인력 창출 같은 문제들에 대해서도 정부가 책임을 다할 것입니다. 여성 문제에도 특별한 관심을 쏟아야 합니다. 비록 여성의 역할이 제대로 인식되고 있지는 않지만, 여성들은 아프리카 경제의 중요한 기둥이기 때문입니다.

이들 7개국에서 여성 문맹률은 80 내지 90퍼센트에 이릅니다. 상당히 높은 편이죠. 나이지리아·시리아·시에라리온·브룬디·모잠비크 경우가 더욱 심합니다. 따라서 사회 변혁에 중요한 역할을 하는 인력 자원, 특히 교육·위생 분야에 투자를 아끼지 말아야 합니다. 이러한 국내 문제는 혼자 해결할 수 없는 위험 수위에 이르렀음을 인정하지 않을 수 없습니다.

어려운 상황에 처해 있는 국가들의 성장 실현 가능성을 한번 생각해봅시다. 아프리카 대륙의 국가들은 오늘날에도 부채 탕감을 위해 수출가의 25퍼센트 이상을 지불하고 있습니다.

외채 증가와 외국 자본의 유입 등 여러 가지 상황들 가운데서도 부채 무게가 특히 짓누르고 있습니다. 그렇기 때문에 쾰른 정상 회담의 결정 사안이 최빈국의 부채 탕감을 해결하기 위해 중요한 것입니다.

외채 탕감이 저개발 국가의 경제 악순환에 꼭 필요한 조치일지라도, 그것만으로 국가 경제 성장을 확신할 수는 없습니다.

앞에서 언급한 경제 부흥의 문제는 다른 저개발 국가와 선진국 간의 긴밀한 협조가 필요할 듯합니다.

국제 경제 사회에서 소외된 아프리카 최빈국들의 경제 성장을 돕기 위해서는 산업화가 이루어진 국가들의 협력이 중요합니다. 경제 성장을 위한 협조는, 인력 성장에 초점을 맞추어 최빈국들의 상황에 맞게 이루어져야 할 것입니다.

산업화로 경제 성장을 이룩한 국가의 정부에 부여되는 책임이 높습니다. 평화는 인류를 위해 좋은 것이며, 가난은 인류의 적입니다.

저개발 상황에 의해 야기될 전쟁, 마약 유통, 환경 파괴, 불법 이민자들의 유입, 매춘, 전염병 확산 등의 '부메랑 효과'를 잊어서는 안 됩니다.

국가 수반으로서 저는 단지 이탈리아 내부 상황에 대한 의무만을 생각지는 않습니다. 국제 협력 차원에서 아프리카 국가 등의 경제적 어려움을 해결할 수 있도록 노력해야 한다고 생각합니다.

선진국이나 저개발 국가 모두에게 적용되는 많은 문제점들을 지구 전체가 초민족적 입장에서 함께 다루어야 할 것입니다. 세계 7대 최빈국이 G7과 함께 G14을 만들어 문제점들을 해결하는 방안을 제의해보고 싶습니다.

1995년 사회 발전과 관련한 세계적인 제안이 있었다는 것이 중요한 선례입니다. 그 정신을 살려 7대 최빈국이 G7 국가와 '경제 성장을 위한 협약'을 제안하는 데 저의 노력을 아끼지 않을 것입니다. 저개발 국가는 국내외 문제를 평화적으로 해결하는 데, 군비를 감축하는 데, 부패하지 않고 책임 있는 정치·정부 체계를 옹호하는 데, 참여와 시장을 넓혀가는 데 주력해야 할 것입니다. 반면 산업화가 이루어진 국가는 경제 협조를 위해 정책상 우선권을 부여해야 합니다. 관세 및 보호 무역 장벽을 철폐하고, 부채를 탕감하며, 전염병 예방 백신과 정보 기술 등 기술·과학의 원조를 아끼지 말아야 할 것입니다.

과거를 청산하고, 가난한 나라와 산업화가 이루어진 국가간의 공동 이익 영역을 구체적으로 만들어갈 수 있는, 용기 있는 정부가 필요합니다. 부자와 빈자 간의 새로운 동맹 관계를 이루는 것입니다.

경제의 중요성이 점점 커지고 있습니다. 언젠가 우리들이 한 국가의 시민이 아니라
다국적 시민이 될 것이라고 생각하십니까?

　세계화라는 용어는 우리의 일상 생활 속으로 편입되었습니다. 이
용어에 대한 최초의 반응은 두려움이었지만 이제는 모두 사라졌습
니다. 우리 모두는 그 유일한 목적을 부와 권력 증대에 두는 '거대
한 다국적 체제'라는 하나의 존재에 의해 지배받고 있습니다. 실로
두려운 전망입니다.

　저는 그 전망을 믿지 않습니다. 제가 믿는 것은 미래라는 것이 두
렵고 예측할 수 없다 할지라도, 그 모양을 만들고 구체화시킬 수 있
다는 것입니다.

　국제적인 교역과 투자의 확대로 이해되는 세계화는 새로운 현상이
아닙니다. 겨우 1세기 전, 또 하나의 세계화라는 물결이 당시에는
식민지국이었던, 산업계 전역에 걸쳐 일어났습니다. 이 과정은 제1
차 세계 대전이라는 가장 비극적인 방식으로 종말을 맞이했습니다.

　하지만 오늘날의 상황은 전적으로 다릅니다. 교역과 투자라는 세
계화의 물결에 국제 금융 시장의 팽창과 기술 확산이 수반되면서 여
러 가지 경제적 측면에서 차이가 생겼습니다. 오늘날에도, 1세기 전
과 마찬가지로 다국적 기업들이 주연 배우가 되었습니다. 지금은 당
시와 두 가지 면에서 다릅니다. 세계 경제를 지배하는 국제통화기
금·세계은행·세계무역기구 등과 같은 국제적인 단체의 역할이 더
중요해졌습니다. 또한 세계 경제 팽창에 관련된 국가들의 수가, 1세

기 전에는 존재했지만 더 이상은 존재하지 않는, 식민지 제국의 수 만큼이나 늘어났습니다.

이를 언급하는 이유는, 세계 시장에서 다국적 기업들만이 유일한 배우가 아니라는 것을 보여주기 위해서입니다. 각 국가와 단체들도 나름의 배역이 있습니다. 여기에서 누가 이기는가라는 질문을 하는 것은 당연한 일입니다. 국가들과 국제 단체들은 사라지고 다국적 기 업들이 지배하도록 내버려둬야만 하는 운명인가? 다국적 기업들은 서로 살아남으려고 일종의 경제 전쟁을 벌일 것인가? 그 대답으로 세계화가 진행되면서 이들 배우들이 맡을 역할 분담을 소개해보죠.

민족 국가의 주권이 팽창된 세계 시장의 영향을 받게 된다는 것은 분명합니다. 거시 경제 정책으로 얻는 수익이 금융 시장의 통합과 팽창에 의해 대폭 감소했다는 것은 그 누구도 부인할 수 없습니다. 오늘날 한 국가의 경제 주권은 국가 자산뿐 아니라 시장 신용도에 의해 제약을 받고 있습니다. 다국적 기업의 투자의 확대 역시 각국 의 경제적 주권을 제한합니다. 현지인을 고용했을 경우 발생할 수 있는 부정적인 결과를 방지하고 더 큰 이윤을 얻기 위해, 그들의 생 산 활동 기반을 다른 국가로 이전할 수도 있습니다.

각국 정부는, 그 발전 정도에 따라 혜택을 볼 수도 있습니다. 엄 격한 경제 정책을 수행하고 추구하는 국가들은 다른 국가로부터 돈 을 빌릴 때, 저금리 혜택을 받을 수 있습니다. 이 국가들은 비싼 부 채 이자를 지불하는 대신 그 재원을 보다 생산적으로 재배치할 수 있게 됩니다. 경쟁력을 갖춘 적극적 경제 환경, 훌륭한 기반 시설, 교육받은 노동력, 효율적인 행정 절차 등을 제공할 수 있는 국가들은 외국의 투자자들을 쉽게 유치할 수 있습니다. 그들은 투자 유치의 결과로 고용 기회 창출과 신기술 획득이라는 혜택을 누릴 수 있습니다.

이 점은 다국적 자본이 국가의 역할을 위축시킨다는 사실을 반증합니다. 오히려 이런 상황은 민족 국가에게, 새로운 과제와 함께 기회를 제공하며, 새로운 환경에 적응하도록 요구합니다.

이 관계는 다른 방식으로도 작용합니다. 다국적 투자자들 역시 정부를 필요로 합니다. 각국 정부는 시장이 효율적으로 기능하는 데 필요한 최소한의 규칙을 제공하고 집행하는 데 필요한 존재입니다. 또한 정부는 표준의 제정 · 재산권 보호 · 경쟁 정책 수립뿐만 아니라 금융 안정과 감시를 위해서도 필요합니다. 알려진 것처럼, 민간 부문의 대표자들, 다국적 기업의 대표자들이 규칙이 없는 세계에서 기업을 운영하고자 한다는 것은 사실이 아닙니다. 기업들이 규칙 없는 세계에서 처음에는 혜택을 받을지도 모르지만, 광범위하고 전반적인 손실로 이어지는 위기에 불가피하게 당면할 수도 있습니다.

1980년대 초반 라틴 아메리카에서 있었던 부채 위기와 최근 아시아의 경제 위기 등 지난 20년 동안의 주요 금융 위기는 위의 사실을 극단적으로 대변해줍니다. 나중에 과잉 투자로 입증된 경제 낙관주의와 시장 상황에 대한 환상이 두 사건에 앞서 일어났었습니다. 시장 붕괴 이후의 경기 회복과 상호 신뢰의 회복은 각국 정부와 국제적인 단체들의 적극적인 역할이 없었다면 불가능했을 것입니다. 그리고 라틴 아메리카와 아시아의 시장 붕괴는 분명한 위기 예방 대책이 도입되어 시행되었더라면 피할 수 있는 것들이었습니다.

또 다른 사례를 보죠. 외국인의 직접 투자는 재산권과 수익금의 사용이 새로운 시장과 국가를 위한 투자에 쓰여져야 한다는 규칙이 필요합니다. 국가가 이것을 보장하지 않기 때문에 투자를 유치할 수 없습니다.

그렇다면, 어떤 규칙이 필요할까요. 각 민족 국가는 외국 자본에 대한 호의적 배려를 위해, 또는 외국 자본에 저항하기 위해 나름의 규칙을 정합니다. 이는 세계화의 물결이 낳은 상이한 결과들 가운데 하나입니다. 이렇듯 국제적인 투자와 교역에 영향을 주는 규칙을 정부가 제정하는 것도 국제적인 경쟁 게임의 일부분입니다. 예를 들면, 어떤 정부는 노동 시장이나 환경 문제에 대해 극단적으로 규제를 철폐하고 싶은 유혹을 느낄 수도 있을 것입니다. 각국은 각기 나름의 규제 조항을 선택할 권리가 있습니다. 그러나 미성년 노동이 묵과된다거나 환경 보호가 고려되지 않는 상황에 이르면 적절한 제한이 필요할 것입니다. 만약 각국이 세심한 판단이 필요한 분야에서 최소한의 공통 기준을 합의하는 데 실패한다면, 다국적 기업들은 자신들의 견해를 각국 정부에, 국민들에게 일방적으로 강요할 수도 있습니다.

세계화가 우리에게 강요하는 무시무시한 과제 가운데 하나는 자유와 번영을 추구하는 세계 경제와 빈곤층의 최저 생활 수준을 보호하는 국제 기준을 마련하는 문제를 조화시키는 것입니다. 많은 개발 도상국들은 이를 국내 문제에 대한 부당한 침해로 간주합니다. 그들은 열악한 노동 조건과 환경 정책을 유지하는 것만이, 세계 시장에서 얼마간의 경쟁력이라도 가질 수 있는 유일한 가능성으로 여기고 있습니다. 개발 도상국들은 좀더 개방된 시장 경제 지향의 정책을 채택하라는 요구에 저항하고 있습니다. 국제 단체들의 중대한 역할 가운데 하나는 일반적으로 인정되는 '게임의 룰'을 구체화시키고, 시행하여, 여러 문제들을 극복하도록 노력하는 것입니다.

결론적으로, 이 새로운 시나리오를 통해 세계화의 혜택을 거둬들이고, 다국적 기업들에게 적절한 역할을 부여하기 위해 각국 정부는 적극적인 대응(세계화를 하나의 기회로 받아들이는 식의)을 해야 합니다. 또한 세계 경제는 다국적 기업들과 새로운 형태의 협력 방식을 찾아내고 국제 단체들의 지원을 받아 세계 시장이 세계 사회의 욕구를 만족시키며, 세계 사회가 세계 시장의 욕구를 만족시키도록 보장할 것입니다.

 새천년에 대한 비전 5

브라질 · 인도 · 일본 · 독일과 같은 대국들이 유엔 안전보장이사회의 상임 이사국에 합류하는 것이 필요하다고 생각하십니까?

유엔을 강화시키기 위해서는 유엔 안전보장이사회의 개혁이 절대적으로 필요합니다. 우리는 유엔을 더욱 필요로 할 것입니다. 그렇지 않으면 새천년의 총체적인 문제를 민주적으로 처리할 수 없을 것입니다. 하지만 어떤 유형의 개혁이 필요하며, 가능한지는 토론 안건으로 남아 있습니다. 사실상 여러 해 전부터 논의되어왔던 문제인데, 해결 방안을 찾지는 못했습니다.

두 가지 사실은 확실합니다.

첫번째, 현 안전보장이사회의 구성은 제2차 세계 대전 이후에 생겨난 국가들 간의 균형을 반영하고 있습니다. 세계적인 경제 활동이 부족한 중국만 예외입니다. 오늘날 선정된 안전보장이사회 이사국은 사실상 제2차 세계 대전의 결과 및 핵무기 소유와 밀접한 관련이 있습니다. 새천년에 알맞는 처방전은 아닙니다.

두번째, 안전보장이사회의 부족한 효능은 단지 '이사국'에만 문제가 있는 것이 아니라 기능 양상과도 관련 있습니다. 사실상 세계 주요 강대국들 간의 견해와 이익에 대한 완전한 일치가 이뤄지지 않는 가운데 거부권은 오랫동안 안전보장이사회의 결점을 막았고, 계속 막고 있습니다. 이는 냉전 동안, 유엔의 기능이 마비되었다는 것을 의미합니다. 미국과 구 소련 협력 기간인 고르바초프 재임 기간에 해소되기는 했지만, 최근의 코스보 사태에 대한 복잡한 대처 방식도 여기에서 비롯됩니다. 만약 거부권의 권한이 더 확대된다면 기능 마비의 위험은 높아질 것입니다.

따라서 안전보장이사회의 민주적인 개혁을 생각해봐야 합니다. 한편으론 안전보장이사회를 현재 세계적인 기구들보다 더 대표적인 기구로 만들 수 있고, 다른 한편으론 거부권의 권한 축소를 생각해봐야 할 때입니다.

유엔 사무 총장 코피 아난은 '표결권'을 기준으로 채택할 것을 제안했습니다. 표결권의 기준은 안전보장이사회의 열 개 이사국 가운데 아홉 개 이사국이나 상임 이사국 가운데 네 개 이사국(이사국은 10개국, 상임 이사국은 5개국)이, 한 개국의 거부권에도 불구하고 결정을 내릴 수 있는 것입니다. 결국 한 개 이사국의 거부권은 기각되는 것이죠. 이렇게 되면 안전보장이사회의 기능이 마비되는 비중은 당연히 축소됩니다.

안전보장이사회의 이 개혁은 이사국의 재고만큼이나 중요한 문제인 듯합니다.

안전보장이사회를 확대하는 방법으로는 여러 가지가 있을 수 있습니다. '이상적인' 해결책은 '지역적인' 논리에 따라 행동하는 것입니다.

지역적인 분야에 안전보장이사회에서 비중과 위임(대표단)을 주려고 노력하는 겁니다. 이를테면 진정한 지역 의석을 추가하거나(예를 들어 유럽석) 지역의 주역들끼리 자주 교대하는 메커니즘을 통해서 말입니다. 하지만 이런 가상은 보다 힘있고 선진화된 지역, 곧 유럽에서도 심한 저항에 부딪칠 것입니다. 그렇지만 앞으로 힘껏 지지하고 인정해야 할 의견이라고 생각합니다. 비록 즉각적으로 구체화하기 힘들지만 미래를 위한 하나의 길잡이가 될 수 있을 것입니다. 특히 유럽 연합에게 의미가 있을 겁니다. 진정한 공통 외교 정책을 원한다거나 국제 무대에서 유럽이 단일 배우로 행동하길 지지하거나, 이후 국제 기관에서 한 목소리로 결정을 내릴 수 없을 때 공통 방어 정책을 수립하고자 하는 말은 아닙니다.

이런 고찰에도 불구하고 순전히 '국가적인' 논리가 우세하다면, 균등하게 적용시킬 객관적인 기준을 모색해야 합니다. 경제 활동 규모, 유엔 평화 유지 활동 지원 규모, 유엔 예산에 대한 기여, 단일 국가들의 인구 통계 비중, 지역 분쟁에 대한 평화적인 해결 등등.

이탈리아는 이러한 면에서 활동했고 성공도 거두었습니다.

이탈리아의 유엔 대사가 작성한 간단한 보고서에 따르면 이탈리아가 유엔의 평화 유지에 미국·프랑스·영국에 이어 네번째로 기여했으며, 일반 예산에 기여한 점에서는 다섯번째 국가라고 합니다. 이는 이탈리아가 다국적으로 강한 제도, 조약, 보편적인 가치에 기초한 국제적인 질서의 중심대로서 유엔 체계에 기여하는 우위국이라는 것을 말합니다. 이것이 이탈리아가 과거에 객관적인 기준에 기초하지 않은 가상들에 대항하여 싸웠던 이유이기도 합니다.

만약 다음 세기의 문제를 해결하기 위해 강력하고 믿을 만하며 합법적인 제도가 필요하다면 유엔의 민주적인 개혁을 생각해야 합니다. 유엔만으로는 충분하지 않습니다. 다른 기구들의 협력과 일련의 개방들이 뒤따라야 합니다. 이 때문에 유럽안보협력기구OSCE·북대서양조약기구NATO·유럽 연합 같은 기구들(유럽 기구들에 남아 있기 위해)과 유엔 사이의 유기적 관계의 가능성을 명시한 유엔 헌장 8항을 활용하는 것이 중요합니다. 하지만 유엔은 보편성(세계성)을 지닌 유일한 기구이며, 이 점 때문에 필수적입니다. 국제적인 체계는 강대국들의 법률만이 아니라 조약에 의해 관리될 필요가 있다고 믿는 이들에게 말입니다.

특히, 국제 안전과 인간의 권리를 방어하기 위한 힘의 사용에 있어 정치 의지와 합법성을 조정시킬 수 있는 문제가 중요한 듯합니다. 이 점에서 코스보 사태는 교훈적이었습니다. 북대서양조약기구는 안전보장이사회의 마비를 지켜본 다음 안전보장이사회의 위탁 없이도 인도주의적인 위기에 대응하는 결정을 내렸지만, 외교상 해결책은 결국 유엔의 몫으로 돌아갔습니다. 코소보 사태를 통해 유엔의 역할은 대체할 수 없다는 것이 극명하게 드러났습니다. 유엔의 빛과 그림자는 동티모르 사태로 인해 다시 한 번 입증되었습니다.

이 모든 것은, 우리가 계속 유엔을 요구할 것이라는 사실을 의미합니다. 더구나 다음 세기에 국가뿐 아니라 개인의 안전 방어를 국제 체계에 올려놓고자 한다면 말입니다. 하지만 그렇게 하기 위해선 유엔의 체계를 보다 효과적이고, 투명하고, 책임 있는 기구로, 다른 국제 기구보다 더 대표적인 것으로 변모시켜야 합니다. 다른 처방전은 없습니다.

 새천년에 대한 비전 6

총리의 개인적인 노정은 많은 사람들에게는 희망의 메시지이며, 또한 많은 것들이 이루어질 수 있다는 것을 보여줍니다. 그렇다면 총리께서는 새천년을 맞이하는 젊은이들에게 어떤 충고를 해주시겠습니까?

이 시대의 가장 중요한 특징들 가운데 하나는 새로운 지식과 기술 특히 정보 기술 분야에 놀라운 발전이 있었다는 것과 그로 인해 학습 유형과 시기가 바뀌고 있다는 것입니다. 불과 반세기 전에 거대한 크기에 제한된 메모리를 가진 계산기가 연구실에 등장했습니다. 하지만 오늘날 개인용 컴퓨터는 옛 계산기의 100배 이상의 연산력을 갖추고 있습니다. 제 세대에는 친숙하지 않지만, 아이들은 마우스를 움직인다든가 인터넷을 항해하는 것에 친숙합니다. 과거의 지식 전달과 재생산을 주도했던 질서를 바꾸어놓았으니 새로운 것임에 틀림 없습니다. 어떤 면에서는 세대들 간의 의존 관계가 깨진 것입니다.

　오늘날은 먼저 뛰어든 사람보다 나중에 뛰어든 사람이 기술적인 면이나 언어적인 면에서 더욱 현대적이고 섬세할 것입니다. 인터넷을 통해 전통적인 시장·상거래 또는 금융·정보 이용의 개념이 바뀌고 있습니다. 어제까지 없었던 직업이 생겨나고 경계가 무너지고 장벽이 좁아지고 있습니다. 이 모든 것이 과거와는 다릅니다. 현실적으로 관련성이 없다 싶은 것이 의사 소통 체계에 급속한 혁명을 이끌고 실생활에서 경계를 넘나들고 있으니 놀라운 일이 아닐 수 없습니다.

　이러한 넘나듦이 미래에는 더욱 좁혀질 것이고 현실적인 의무 교육의 경계를 넘어설 것이며 개인주의화를 더욱 전략화할 것입니다. 이런 상황에서 미래에 자신이 적절한 선택을 하기 위해 사이버 세대인 젊은이들은 학문에 전념하고 혁신에 참여하기를 바랍니다. 기술이 제공하는 기회를 바탕으로 국제화에 걸맞는 시각을 갖추고, 복지와 불행 사이에 존재하는 갭을 메꾸기 위해 과학을 이용하는 직업을 가져야 할 것입니다. 결국, 학업에 충실하고 능력을 갖추자는 이야기입니다.

 새천년에 대한 비전 7

두번째 천년 동안, 우리는 지구를 구성하고 있는 것들에 대해 알게 되었습니다. 오늘날 우리가 지구에 대해 아는 것처럼, 세번째 천년 말기에 사람들은 우주의 비밀

저는 물리학자가 아닙니다. 또한 물리학의 발전 가능성을 예상할 수 있는 지식도 없습니다. 특히 그 예상이 1,000년에 걸친 것이라면 더욱 그럴 것입니다.

두번째 천년의 후반기 500년 중에 코페르니쿠스의 태양 중심설에서 시작해 갈릴레오의 새로운 과학을 지나오면서, 지구와 우주 전체의 물리학적 구조를 알게 되었습니다.

또한 과학계에서 이탈리아 위인들의 가장 중요한 업적 가운데 하나는 17세기 초에 증명된 '등가 원리'를 들 수 있습니다. 지구와 우주의 물리학 현상이 동일한 규칙의 지배를 받는다는 이 원리는 한 지식인의 힘겨운 노력의 산물이면서 확실한 혁명이었습니다. 사실상 그리스에서 유래한 우주론에 의하면, 하늘과 지구는 물리학적으로 별개의 것이었습니다. 제각기 다른 물리 법칙에 의해 지배된다고 생각했습니다. 하늘에는 더욱 완벽한 물리 법칙이 적용되고 땅에는 덜 완벽한 물리 법칙이 적용된다고 믿었습니다. 갈릴레오는 하늘과 땅을 함께 연구해 그리스식 관점을 변화시켰습니다. 그는 아주 단순한 관찰을 통해 '등가 원리'를 추론했습니다. 달을 향해 망원경을 맞추고, 자연 위성들과 그 표면에 발생하는 음영들을 통해 표면 상태를 증명해냈습니다. 그리고 땅에 형성되는 그늘 등을 관찰하여 얻은 결과에 동일한 물리학적 규칙을 적용하면서 추론해냈습니다.

적어도 지구에 대해 알게 된 사실을 우주에도 적용할 수 있습니다. 지구와 우주는 동일한 기본 요소로 구성되어 있고, 동일한 물리학 규칙을 적용받습니다.

그리고 케플러의 천체 역학과 갈릴레오의 지구 역학을 통합한 뉴턴에 의해, 정교하고 분명한 '등가 원리' 시험이 600년대 말 이루어졌습니다.

19세기에 다시 한 번 갈릴레오의 직관력을 확인할 수 있었습니다. 그러면서 물리학 지식이 광범위하게 확대되었습니다. 아인슈타인은 1916년 일반상대성이론을 완성하였고, 1917년 우주 방정식을 세웠습니다. 그리고 몇 년 후 젊은 러시아 수학자 프리드만은 우주 방정식을 풀어내는 개가를 올립니다.

우리는 정적인 우주가 아닌 역동적인 우주에 살고 있습니다. 성장하는 우주에서 살고 있는 것입니다. 1920년대 말 천문학자 허블이 '성운의 후퇴'라는 것을 발견했고, 그로 인해 우리는 우주가 계속 팽창한다는 사실을 이해하게 되었습니다.

이러한 기본적인 업적에 근거하여 금세기 후반 무렵 우주학자들은 우주 혁명을 설명하는 '대폭발 이론(빅 뱅 이론)'을 완성하였습니다. 대폭발 이론에 따르면, 우주 전체는 대략 150억 년 전에 탄생했습니다. 그리고 탄생과 동시에 식어가기 시작했습니다. 최초 원형질의 점진적인 냉각은 물질의 응축 작용, 그리고 성운과 별들의 탄생과 일치합니다. 이렇게 성운, 곧 은하계에 태양과 또 다른 행성인 지구가 태어났습니다. 아인슈타인은 인력 이론을 통하여, 우주 전체의 역사적인 혁명을 정확하게 설명했습니다.

1920년대에, 우주의 놀라운 발견이 이루어지면서 물리학의 기본 원리인 양자 역학 원리가 세워졌습니다. 양자 이론은 아인슈타인의 상대성 이론에 보충 역할을 하면서 미시적인 단계에서 물리적 현상들을 설명합니다. 이는 육안으로 보이는 세계와는 아주 상이한 현상들을 다룹니다. 여기서 이 이론들을 일일이 설명할 필요는 없는 듯합니다. 기억해야 할 것은, 양자 역학은 1920년대 이후 가장 정확한 물리 이론이라는 것입니다. 이 이론은 갈릴레오가 주장했듯이 우주 전체에서처럼 지구상에서 동일하게 작용한다는, 일반 유형들에 대해 밝혀냈습니다.

기본적인 에너지는 네 가지입니다. 그 가운데 전자기력과 중력은 거시적인 단계에서도 적용되므로 우리의 일상 세계에서도 그 작용 결과를 볼 수 있습니다. 나머지 둘은 미시적인 단위로만 작용하며 상호 영향을 미치는 에너지들입니다.

명칭과 분류 외에, 기억해야 할 두 가지 개념은 다음과 같습니다.

첫째, 성운 내에 텅 빈 채 드물게 퍼져 있는 핵으로부터, 지구와 다른 행성 내에 있는 기체·고체·액체 물질들, 그리고 별들의 열기로 가득 찬 원형질까지, 모두 다양한 방법으로 합쳐지는 소립자와 미립자라는 두 종류의 핵 요소로 이루어졌다는 것입니다.

둘째, 우주에서 발생하는 모든 것이 성운에서 가장 멀리 있는 지구에서도 마찬가지로 발생한다는 것입니다. 핵 요소들 간의 상호 작용에서 비롯되는 기본적인 네 가지 에너지들의 작용이 기본 규칙대로 이루어지기 때문입니다.

내가 알고 있는 지식이란 게 그 분야의 전문 지식과는 상당히 차이가 있을 것입니다만, 지구 표면에서 발생하는 일 정도는 잘 알고 있습니다. 물론 성운의 핵 부분에서 발생하는 일에 대해서는 잘 알지 못합니다. 그렇지만 거대한 우주라는 것이 모두 공통적이고 서로 관련 있는 단순한 원리에 따라 움직이고 있다는 것은 알고 있습니다. 우주라는 건물의 각 측면, 각 방들이 똑같은 근원에서 유래합니다. 과학자들은 이미 드러난 단순한 특징들 외에, 근본적이고 전체적이며 정확한 물리적 특징은 아직 밝혀지지 않았다고 생각합니다.

모험적으로 한 가지를 예상해본다면, 향후 몇 년 내에 적어도 물리학 분야에서는 기본적인 핵 요소와 규칙에 대한 이론을 더 단순화하여 이해하게 될 것입니다. 그래서 언젠가는 통일성 있고 뛰어난 이론을 완성할 수 있을 것입니다. 그 이론으로 근본적인 에너지부터, 가장 기본적인 핵을 거쳐 우주 전체까지도 설명할 수 있을 것입니다.

여러분들의 질문은 다르게 해석될 수도 있습니다. 지구를 탐색하고 지구 밖 공간으로 나아가 달 착륙을 성공한 지금으로부터 1,000년의 시간이 흐른 후라면, 인간은 아마도 다른 행성계를 탐험하게 될지도 모르겠습니다. 어쩌면 몇 십 년 내에 또는 몇 세기 내에 태양계 전체를 샅샅이 탐험하게 될지도 모릅니다. 적어도 화성 같은 행성이나 토성의 위성 가운데 하나인 티탄 같은 자연 위성에 인간이 착륙한다는 상상은 꽤 흥미롭지 않습니까?

태양계 밖에 존재하는 다른 행성에 착륙하는 것은 더 어려울 것입니다. 별들 사이의 거리가 멀기 때문입니다. 지구로부터 가장 가까운 별들도 수광년의 거리에 떨어져 있습니다. 상상 가능한 속도로 항해하는 우주선을 타고 우주 여행을 한다고 가정합시다. 아마도 가장 가까운 태양계 밖 행성에 도착하고 다시 지구로 귀환하는 우주 여행을 마치는 데는 수세기가 걸릴 것입니다. 이러한 수세기에 걸친 여행을 우리 인간이 할 수 있을까요. 그러나 지금으로부터 1,000년 후의 기술이라면, 그때에는 지금 하고 있는 우리의 상상이 완전히 잘못된 것일 수도 있죠.

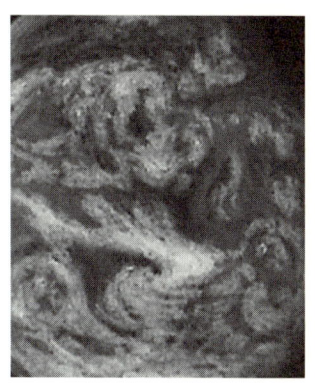

68년 혁명　　제2차 세계 대전 이후 경제적 풍요 속에서 기성 세대의 가치 관과 권위를 거부하며 체제에 도전했던 젊은이들의 시위와 문화. 1968년 3월 파리 낭테르 대학교의 한 학생이 미국계 은행 폭파 사건 용의자로 체포된 것에 대한 항의 시위로 시작돼, 5월 소르본 대학교 점거 농성과 경찰 개입으로 확산되었다. 사르트르·자크 라캉 등 지식인들의 지지 선언문이 발표되면서 학생뿐 아니라 노동자·공무원·지식인·예술가 등이 총망라된 사회 문화 혁명으로 발전, 마르크스주의자·마오쩌둥주의자·무정부주의자들이 가담했다.

G8　　서방 선진 7개국(미국·영국·독일·프랑스·일본·캐나다·이탈리아)과 러시아 정상간의 경제 회담. 1975년 두 차례의 석유 위기에 놀란 미국·영국·독일·프랑스·이탈리아·일본 6개국 정상들이 모여 세계 경제 재건을 논의한 데서 출발(G6), G7이 된 것은 1976년 캐나다가 합류하면서부터다. 러시아는 1991년 구 소련의 이름으로 준회원처럼 참석하다가 1997년 정회원으로 가입, G8이 되었다. G8은 처음에는 경제 문제에 집중했으나 1980년 아프가니스탄을 침공한 소련군의 철수 요구를 계기로 관심을 정치 외교 분야까지 확대했다. 냉전이 종식되기 전까지는 미국의 주도로 공산권 진영에 대한 서방의 단결을 과시하는 '세력의 장' 역할을 했다. 그러나 화려한 외모에 비해 합의 결과의 구속력이 없어 비판 또한 적지 않다. 1997년 6월 미국 덴버에서 열린 8개국 정상 회담에서는 북한에 4자 회담 참석 및 탄도 미사일의 개발 배치 수출 중단을 촉구했다. 정상들은 또 북한의 핵 개발 동결을 내용으로 하는 북미제네바회의의 중요성을 강조하고 한반도에너지개발KEDO에 대한 국제적인 지원을 호소했다.

HIV   사람에게서 면역을 앗아가는 에이즈 바이러스. 구조는 가장 안쪽에 염색체 RNA가 있고, 그 주위를 단백질이 둘러싸며 가장 바깥에 지질층이 있다. 이중 RNA와 단백질이 사람의 세포 안으로 침투해 수백, 수천 배까지 증식한다. 이렇게 증식한 HIV는 혈관을 돌며 면역을 담당하는 림프구를 급속히 파괴시킨다.

ODA   정부 개발 원조 또는 공공 개발 원조. 선진국의 정부 기관에 의한 개발 도상국 또는 국제 기관에 대한 원조를 말한다. 금리가 높은 민간 원조보다 좋은 조건이기 때문에 받는 쪽에서 환영하고 있다. 증여, 차관, 기술 원조 등의 형태를 취한다.

Y2K 문제   밀레니엄 버그가 새로 얻은 별칭. 밀레니엄 버그란 편의상 연도의 마지막 두 자리만 사용한 컴퓨터 프로그래밍 관행으로 인해 2000년이면 발생할 수 있는 컴퓨터의 혼란을 말한다. Y는 연도(year), K는 킬로미터가 미터의 1,000배이듯 1000을 뜻하는 kilo에서 비롯되었다. Y2K의 문제는 현재 시스템상 2000년은 1999년의 1년 후가 아닌 99년 전으로 오인될 수밖에 없다는 것이다. 따라서 국제금융협회의 지적대로 이자 계산이나 신용 카드의 유효 기간 인식 등 금융 기관에서의 대혼란이 경고되어왔다.

가자 지구   서아시아 팔레스타인 남서단 지중해 연안에 위치한 지역. 인구의 대부분이 팔레스타인인으로 오랫동안 대이스라엘 저항 세력의 중요한 거점이 되어왔다. 1948년 팔레스타인 전쟁에서 이스라엘군과 이집트군의 격전지가 되어 1949년 이스라엘-이집트 휴전 협정에 의해 이집트에 편입되었다. 이후 이스라엘과 이집트가 번갈아 지배하다 1967년 중동 전쟁 결과 이

스라엘에 넘어갔다. 1993년 이스라엘과 팔레스타인해방기구가 점령지 잠정
자치 원칙에 합의해 1994년 5월부터 팔레스타인인들의 자치가 시작되었다.

거부권Veto　　일반적으로 의회를 통과한 법률에 대해 국가 원수가 잠정적
으로 저지하는 권한을 말한다. 미국 대통령이 갖는 거부권이 대표적인 예
이다. 국제법에서 말하는 거부권은 유엔 안전보장이사회에서 미국·러시
아·영국·프랑스·중국 등 5개 상임 이사국이 가지는 특권적 표결권을 가
리킨다. 안전보장이사회의 결정은 절차 사항을 제외하고는 다섯 개 상임
이사국 전부를 포함한 아홉 개 이사국의 찬성을 필요로 하는데 상임 이사
국 가운데 한 개국이라도 반대 투표를 하면 결의가 성립되지 않는다.

국제원자력기구IAEA　　원자력의 평화적 이용을 위하여 창설된 국제 기구.
1955년 워싱턴에서 기초한 헌장을 유엔 본부의 국제 회의에서 채택, 1957
년에 발족하였다. 유엔의 전문 기구는 아니나 실질적으로 이에 준하는 기
능을 수행하고 있다. 국제원자력기구는 첫째, 전세계에 원자력의 평화적
이용을 위한 연구 개발 실용화를 장려하고 이에 필요한 물자, 서비스 설비
를 제공하고 둘째, 과학적 기술적인 정보 교환을 촉진하며 셋째, 핵분열 물
질이 군사 목적으로 사용되지 않도록 보장 조치를 강구하는 등을 활동 목
표로 하고 있다. 집행 기관은 35개국으로 구성된 이사회이며 본부는 오스
트리아 빈에 있다. 우리 나라는 1956년 IAEA 창립 총회에 참석, 서명함으
로써 창설 회원국으로 가입했다. 한편 1989년 9월 25일 한국이 이사국(통
산 8회)에, 정근모 박사가 33차 총회 의장에 피선되었다.

국제통화기금IMF　　가맹국의 출자로 공동의 외화 기금을 만들고 이것을

각국이 이용하도록 하여 외화 자금 조달을 원활하게 하고 나아가서는 세계 각국의 경제적 번영을 도모할 것을 목적으로 하는 국제 기구. 1944년 7월 미국 뉴햄프셔 주의 브레턴우즈에서 열린 연합국(44개국) 통화금융회의에서 협정·조인한 후 1947년 3월 1일부터 업무를 개시했다. 1976년 1월 자메이카의 킹스턴에서 열린 IMF 잠정 위원회에서 협정 개정을 결정, 1978년 4월 1일부터 발효했다. 이를 킹스턴 체제라고 부른다. 주요 내용은 첫째, 플로트(변동 환율)의 정식 인지 둘째, 고정 환율제로 복귀할 때의 절차 규정 셋째, 금의 공정 가격 폐지와 각국 통화 당국의 금거래 자유화 등이다. 최고 결정 기관은 총회로 가맹국의 재무 장관 및 중앙은행 총재가 정부 대표로 출석하여 연1회 워싱턴에서 개최하지만 3년에 1회는 다른 장소에서 한다.

기후변화협약   1992년 6월 리우 환경 회의에서 '리우 선언' '의제 21' 채택 외에 생물 다양성 협약과 더불어 별도 서명된 협약이다. 석유·석탄과 같은 화석 연료의 사용시 배출되는 이산화탄소가 유발하는 온실 효과로 지구의 온도가 상승하는 것을 방지할 목적으로 이산화탄소 배출을 줄일 의무를 부과한 국가간 협약이다. 미국의 반대로 이산화탄소 축소 목표를 명시하지 않아 환경보호주의자들의 비난을 받았다. 우리 나라는 1992년 12월 47번째로 가입했다. 기후변화협약은 1994년 3월 21일 정식 발효되었다.

녹색 혁명   수확량이 많은 개량 품종을 도입해서 식량의 증산을 꾀하는 농업 정책을 말한다. 1960년대 중반부터 미국을 중심으로 한 각지의 농업 연구소에서 소맥·쌀·옥수수 등의 품종 개량이 추진되었고, 식량 부족으로 허덕이던 개발 도상국이 이를 적극 도입함으로써 농업 생산에 획기적인 역할을 하고 있다. 특히 동남 아시아에서는 필리핀에 있는 국제벼연구소

IRRI를 중심으로 '기적의 쌀'이라고 불리는 벼의 다수확 품종을 개발, 아시아 각국의 식량 자급 확립에 도움을 주고 있다.

다국적 기업　　세계 기업이라고도 하며 일반적으로 수개국에 걸쳐 영업 내지 제조 거점을 가지고 국가적·정치적 경계에 구애받지 않고 세계적인 범위와 규모로 영업을 하는 기업을 말한다. 이 경우 국내 활동과 해외 활동의 구별이 없으며 이익 획득을 위한 장소와 기회만 있으면 어디로든지 진출한다. 제2차 세계 대전 당시 국제 기업과의 구별은 국제 기업이 본사와 세계 각지 영업 지점간에 제품 수출·자금 투자가 이루어지는 반면 이익이나 이자 및 배당 등은 본사로 송금되지만, 세계 기업의 경우 각 지점은 모두 독립적인 이익 관리 단위로서의 성격을 가지며 이익은 각 지점의 경영 충실화를 위해 재투자되는 것이 원칙이다.

다국적군　　1991년 2월 이라크의 쿠웨이트 침공으로 일어난 걸프전에서 이라크군의 쿠웨이트 철수를 관철시키기 위해 미국의 주도하에 세계 33개국이 참가해 조직된 다국적 군대. 사령관은 걸프 주둔 미군 사령관 슈워츠코프 대장이다. 걸프전 개전 당시 미군 52만, 기타 20만 명의 병력이었으며 '사막의 폭풍 작전'이라 불린 이 작전에서 최전선 공격을 담당한 나라는 미국·영국·프랑스·이집트·시리아·걸프협력회의 회원국 등 11개국이었다.

대폭발 이론(빅 뱅 이론)　　우주는 처음 매우 온도가 높고 밀도가 높은 상태였는데, 정체를 알 수 없는 대폭발을 거치면서 오늘날 우리가 보는 우주가 탄생하게 되었다는 이론이다. 1927년 벨기에의 수학자 루베이터의 설명에 의하면, 원시 우주는 작고 밀도가 매우 높은 우주란宇宙卵으로 응축되어 있었다. 이것이 수억 년 전 상상하기 어려울 정도의 강력한 폭발 후에 그 파편들이 은하계를 만들었고, 지금까지도 모든 방향으로 빠르게 흩어지고 있다는 것이다. 1946년 러시아계 미국인 물리학자 가모프는 이 생각을 좀더 발전시켜 우주 폭발 때의 파편 온도를 계산해냈다. 그는 팽창에 따라 온도가 얼마나 내려감으로써 수소의 원자핵에서 헬륨을 형성해가는가 하는 등의 문제에 대해 연구를 한 결과 우주의 기원이 되는 대폭발에 대한 이론을 '빅 뱅 이론'이라고 이름붙였다. 1965년 미국인 전파천문학자 펜지어스와 윌슨은 우주 공간으로부터 오는 전파 속에서 일반적으로 우주 배경 복사가 포함되어 있음을 밝혀냈다. 이것은 대폭발의 흔적이 수십억 년이 지난 지금까지도 계속 남아 있음을 의미하는 것으로 빅 뱅 이론을 뒷받침하는 가장 강력한 증거로 제시되고 있다.

동티모르 사태　　인도네시아에 강점된 동티모르의 분리 독립 운동. 동티모르는 인도네시아가 자리잡은 말레이 열도의 동쪽 끝에 있는 티모르 섬의 동쪽 부분. 1975년 12월 동티모르가 포르투갈로부터 독립을 선포한 지 9일 만에 인도네시아가 동티모르 내 파벌간 내전을 이유로 무력 침공한 이래 갖가지 차별과 착취, 학살과 암살 등에 시달리던 동티모르인들은 인도네시아에 대해 끊임없이 저항 운동을 벌여왔다. 1996년도 노벨 평화상이 동티모르의 독립 투쟁에 헌신해온 벨로 주교와 오르타에게 수여됨으로써 국제적인 관심을 끌게 되었다.

맨하튼 프로젝트　　미국 정부가 원자 폭탄을 개발하기 위해 1942∼1945년 비밀리에 추진한 연구 작업의 암호명. 핵분열 반응을 군사 목적에 이용하기 위한 연구 계획은 1939년 미국 과학자들을 중심으로 시작되었다. 엔리코 페르미와 로버트 오펜하이머가 주축을 이룬 이 프로젝트는 이듬해 프랭클린 루스벨트 대통령으로부터 연구 개발비로 6,000달러의 예산을 배정받으면서 구체화되었다. 맨해튼 프로젝트의 본격적인 막이 오른 것은 1942년 미 육군 공병단 책임 아래 원자 폭탄 개발을 위한 연구실 · 실험실 · 제조 시설이 건설되면서부터였다. 미국은 당시 비슷한 연구를 진행하고 있던 영국에 공동 연구를 제안해 1943년 미국 · 영국 · 캐나다 합동정책위원회를 만들었다. 이를 계기로 영국 리버풀 대학교의 핵물리학연구소 소장으로 있던 조셉 로트블랫도 미국으로 건너가 이 프로젝트에 합류했다. 맨해튼 프로젝트 연구진은 3년여의 연구 끝에 1945년 7월 16일 오전 5시 30분 뉴멕시코 주 엘버커키 시 남쪽 엘러머고도 공군 기지에서 최초의 원자 폭탄 실험을 성공리에 마쳤다. 이 프로젝트에 의해 생산된 다른 두 개의 원자 폭탄은 한 달 뒤 일본의 히로시마와 나가사키에 각각 투하되었다.

밀레니엄Millennium   1,000을 뜻하는 라틴어 mille와 해를 의미하는 ennium의 합성어로, 1000년을 의미한다. AD에 바탕을 두고 있는 개념으로, 오늘날 살고 있는 인류는 이제 세번째 밀레니엄을 맞이하게 된다. 1000년대에서 2000년대라는 거대한 새 시간대의 초입에 들어서는 것이다. 《성서》에서 밀레니엄은 〈요한계시록〉 20장 1절~7절에 나오듯 예수가 재림하여 지상을 통치한다는 신성한 천년왕국을 가리킨다. 이 같은 어원에서 유래된 사전적인 의미로는 1000년 기간과 무관하게 정의와 행복과 번영의 낙원 시대를 표현하는 추상적인 단어로 쓰이기도 한다.

바이오테크놀로지   생물의 기능이나 생명 현상을 이용한 공업, 농업의 신

기술로 '생명공학' 또는 '생물공학'이라 번역된다. 술이나 간장을 만드는 전통적인 발효 기술 이외에 최근 유전자의 치환, 세포 융합, 세포의 대량 배양, 핵 이식 등의 응용이 확산되고 있다. 미국과 유럽 일본에서 붐을 이루고 있다.

북대서양조약기구NATO　　제2차 세계 대전 이후 동서간의 냉전이 격화되자, 소련의 위협에 대처하기 위해 1949년 8월 서구 여러 나라들이 결성한 정치적·군사적 동맹 기구로 본부는 브뤼셀에 있다. 가맹국의 안전 보장을 목적으로 하며 1개국 이상이 무력 공격을 당할 경우 이를 전 가맹국에 대한 공격으로 간주, 첫째 즉시 개별적 또는 집단적 자위권을 행사하고 이를 유엔의 안전보장이사회에 고발, 적당한 조치를 취하게 하며, 둘째 가입국 간의 경제 협력을 촉진한다. 미국·영국·프랑스·캐나다·이탈리아·벨기에·룩셈부르크·네덜란드·노르웨이·덴마크·아이슬란드·포르투갈(이상 원가맹국), 그리스·터키·독일·스페인·폴란드·헝가리·체코 등 19개국이 가맹되어 있다.

비핵3원칙·비핵4정책　　핵 문제에 대한 일본 자민당의 태도는 당초 핵무기를 '만들지 않는다, 보유하지 않는다, 들여오지 않는다' 등 비핵3원칙을 취하고 있었으나, 1968년 제58회 국회에서의 안보·방위 문제를 둘러싼 분쟁, 야당측의 '비핵결의안' 제출 요구 등의 과정에서 새로이 위 3원칙을 포함한 '비핵4정책'을 내놓았다. 같은 해 3월에 마무리된 자민당의 '핵 정책의 기본 방침' 초안에 들어 있는 4정책은 다음과 같다. 첫째, 핵무기의 폐기·절멸을 목표로 우선 실행 가능한 핵군축을 추진한다. 둘째, 핵무기는 제조하지 않고 보유하지 않으며 들여오지도 않는다는 비핵3원칙을 견지한다. 셋째, 일본의 안전 보장은 계속 미일안보조약에 기초한 미국의 핵억지력에 의존한다. 넷째, 핵에너지의 평화적 이용은 적극 그 개발을 추진하여 그 실익을 향수함과 동시에 세계의 과학 기술 발전에 기여한다 등이다.

상임 이사국 유엔의 안정 보장이사회에서 임기의 제약을 받지 않고 계속해서 의석을 보유하는 이사국. 유엔 헌장 제23조에 미국·영국·프랑스·중국·러시아의 5개국을 상임 이사국으로 규정하고 있다. 상임 이사국이 절차 사항을 제외한 모든 사항에 대한 표결에서 거부권을 행사하면 결의는 성립되지 않으며 기권 또는 결석은 거부권 행사로 인정되지 않는다. 그 밖에도 헌장 개정의 비준에 대한 거부권이 있고, 신탁통치이사회의 이사국 지위가 인정된다.

생물 다양성 호랑이·뱀·대추·야자와 같이 '서로 다른 종의 다양성'을 의미한다. 생물 다양성을 넓은 의미로 정의할 때는 삼림 초원과 같이 '생태계의 다양성' 의미도 포함된다. 생물 다양성이 중요한 이유는 인간이 누릴 수 있는 쾌적한 환경과 생물 다양성간에 밀접한 관련이 있기 때문이다. 생물 다양성이 없어진다는 것은 인간이 유용하게 이용할 수 있는 생물 자원이 없어지는 것을 의미하며, 결국 인간이 살고 있는 생활의 터전이 황폐해짐을 의미한다. 현재 지구상의 생물은 약 150만 종으로 보고되어 있으나 미확인된 생물까지 포함한다면 1,000만 종 이상으로 추정된다. 그러나 삼림 개발과 남획 등 생태계 훼손 행위로 인해 매일 30~300종이 없어지고 있으며 한 번 없어진 생물종은 다시 생겨나지 않는다.

생물 다양성 협약 지구상에 살고 있는 생물의 멸종을 막기 위해 지난

1992년 브라질 리우에서 열린 유엔 환경개발회의UNCED에서 채택된 동식물 및 천연 자원 보존 협약. 생물 다양성을 지구 생명 부양계의 기반으로 간주하고 생물 다양성 보전의 지침을 마련한 이 협약은 각 국가별 지침을 별도로 마련해 실천해 나가도록 생물 자원의 주체적 이용을 제한하고 있다. 생물 다양성 구성 요소의 지속 가능한 이용을 위한 대책 수립을 규정하고 아울러 개발 도상국에 대한 지원으로 연구와 교육 프로그램을 개발 유지할 것을 촉구한 이 협약은 세계 156개국이 서명, 1993년 12월 발효되었으며 우리 나라도 154번째로 서명했다.

서미트Summit　일반적으로는 '정부 등의 수뇌' 또는 '수뇌 회의'(EC 서미트, 노동 서미트, 남북 서미트 등)를 일컫는데, 특히 1975년 이래 매년 열리고 있는 주요 선진국 정상 회담을 지칭한다. 서미트는 서방측 주요 선진국의 경제 문제를 논의하는 장으로 프랑스의 지스카르 데스탱 전 대통령이 제창한 것이며 각국에서 출석할 수 있는 구성원은 원수 또는 수상, 재무 장관, 외무 장관 3인. 타원형 테이블 둘레에 개최국이 의장으로 중앙에 위치하며 나머지 국가는 시계 방향으로 국명 알파벳 순서로 앉는다. 토의는 거의 원수·수상간에 행해진다.

세계무역기구WTO　1993년 12월 타결된 우루과이라운드 이후의 세계 무역 질서를 이끌고 갈 새로운 다자간 무역 기구. 1947년에 설립되어 세계 무역 질서를 이끌어온 관세 및 무역에 관한 일반 협정GATT 체제를 대체하게 된다. 1995년 1월 1일 출범했다. WTO는 GATT에 주어지지 않았던 세계 무역 분쟁 조정 기능과 관세 인하 요구, 반덤핑 규제 등의 법적 권한과 구속력을 행사할 수 있어 세계 무역 질서를 어지럽히는 국가에 대한 제재

조치를 취할 수 있다. WTO의 최고 의결 기구는 총회이며 그 아래 상품교역위원회·서비스교역위원회·지적재산권위원회 등을 설치해 분쟁 처리를 담당한다.

세계보건기구WHO   유엔 전문 기구의 하나. 1946년 61개국이 세계보건기구 헌장에 서명하고 1948년 26개 회원국의 비준을 거쳐 정식 발족했다. 모든 인류가 가능한 최고의 정신적·신체적 건강 수준에 도달하도록 하기 위한 인도주의적 사업으로서 국제 보건 사업의 지도와 매년 1회 열리는 총회, 30명의 이사로 구성된 집행위원회, 각종 위원회 및 사무국이 있다. 본부는 제네바에 있다. 우리 나라는 1949년 제2차 로마 총회에서 가입이 승인되었다.

세계은행IBRD   정식 명칭은 국제부흥개발은행. 1944년 7월의 브레턴우즈 협정에 기초하여 1946년 6월에 발족한 국제 금융 기관의 중심적인 존재이다. 제2차 세계 대전 후 각국의 복구와 개발을 위해 설립된 기관이었으나 현재는 주로 개발 도상국의 공업화를 위해 융자를 하고 있다. 이자가 5~6퍼센트로 융자 조건이 엄격하며 융자 대상은 선진국과 중진국이 많다. 본부는 워싱턴에 있다. 1980년 5월 15일 중국의 가입으로 대만이 축출되었다. 우리 나라는 1955년에 가입하였고 1970년 대표 이사로 선임되었다.

세계인권선언   1948년 12월 10일 제3회 유엔 총회에서 반대 없이(48 대 0, 소련권의 6개국과 기타 2개국이 기권) 채택된 선언. 제2차 세계 대전에 대한 반성의 산물로 탄생한 이 선언은 전문 이하 30조에 걸쳐 개인의 여러 가지 기본적 자유와 함께 노동권 기타 경제적·사회적·문화적인 면에서 생존권적 권리를 오늘날 각국의 진보적인 헌법에서 규정하고 있는 인권 보장처럼 자세히 규정하고 있다. 조약과 같은 구속력은 없으나 인권 보장의 표준을 나타내는 것으로 큰 의의가 있다. 매년 12월 10일을 '인권의 날', 그 전후를 인권 주간으로 정해 기념 행사가 벌어진다.

아프리카 통일 기구OAU   1963년 아프리카 수뇌 회의에서 창설된 세계 최대의 지역 기구. 본부는 에티오피아의 아디스아바바에 있다. 아프리카의 연대를 위한 기구로서 식민주의의 배격, 영토 보전, 개발의 촉진 등을 위해 정치 · 외교 · 경제 · 방위 등에 대한 가맹국의 정책을 조정하며, 아프리카 지역 내 미독립 지역의 전면 해방, 비동맹 정책 추구 등의 목표를 내걸고 있다.

에이즈AIDS   후천성면역결핍증후군. 병원체는 HIV. 면역력이 극도로 저하되어 신체가 무방비 상태에 이르기 때문에 흔히 무해한 세균이나 곰팡이에도 생명을 빼앗기게 된다. 감염력은 강하지 않으나 적절한 치료법이 없어 치사율이 높다. '현대의 페스트'라고 불릴 만큼 심각한 양상을 드러내고 있다. 미국에서의 공식 발견은 1981년 봄, 실제로는 그보다 3년여 전에 발생한 것으로 보고 있다. 당초 남성 동성 연애자나 약물 중독자에게 나타나는 특이한 병으로 보았으나 곧 환자로부터의 수혈이나 혈액 제제에 의한 감염도 현저해졌으며, 발생 지역도 미국에서 유럽 제국 · 오스트레일리아 · 아시아까지 번졌다.

영연방Commonwealth of Nations   1931년 웨스트민스터 정령에 기초하여 발족했다. 당초는 영국 왕을 원수로 하는 캐나다 · 오스트레일리아 · 뉴질랜드 · 남아프리카와 영국의 백인국만으로 구성되었다. 그러나 제2차 세계 대전 후 식민지가 속속 독립함으로써 가맹국이 급증했다. 각국과 영국은 대등한 관계이다. 엘리자베스 여왕은 연방의 원수가 아니라 상징으로서의 수장일 뿐이다.

온실 효과 대기 중에 탄산 가스가 늘어나는 것이 원인이 되어 일어나는 온도 상승 효과. 탄산 가스는 태양으로부터의 직사 에너지는 통과시키나 지표로부터의 복사열은 흡수하여 우주로 열이 발산되는 것을 방해한다. 일본 과학기술청 자원조사회가 1983년에 종합한 조사 보고에 따르면 공기 중의 탄산 가스는 해마다 1.5ppm씩 계속 늘어나고 있으며 이대로 가면 2000년대 전반에는 연평균 기온이 3도 이상이나 상승한다고 한다. 온실 효과에 의한 기후 변동이 어떻게 될 것인가에 대한 정설은 없으나 전체적으로 보아 식생의 균형이 무너져 농업 생산력이 저하되리라 예측된다.

월드 와이드 웹World Wide Web 인터넷 정보를 문자·그래픽·음성 등의 멀티미디어 환경으로 찾아볼 수 있게 해주는 인터넷 정보 검색 서비스의 이름. 1985년 유럽핵공동연구소CERN에서 처음 개발했다. 이전에는 인터넷 정보를 얻기 위해 해당 정보가 수록된 각 나라별 중앙 컴퓨터에 일일이 접속해 검색해야 했으나. 이 방법을 이용하면 찾고자 하는 정보의 키워드만 입력하면 해당 중앙 컴퓨터에 자동 접속해 정보를 찾을 수 있다. 이 검색 방법을 이용하기 위해선 '모자이크'라는 특수 프로그램이 필요하다. 월드 와이드 웹 서비스 전용 통신 프로그램인 이 소프트웨어는 1993년 초 미국 일리노이 대학교 국립슈퍼컴퓨터응용센터NCSA에서 처음 개발했다. 이 소프트웨어를 이용하면 인터넷의 정보를 복잡한 키보드 조작 없이 마우스만으로 검색할 수 있다.

유엔개발계획UNDP　　유엔 전체의 개발 원조 계획을 조정하기 위한 기관. 유엔의 기술 원조는 첫째, 유엔 및 그 전문 기구(IAO · FAO · UNESCO · WHO 등)의 통상적인 예산에 의해 실시되는 통상기술원조계획. 둘째, 가맹국의 특별 갹출금에 의해 실시되는 유엔개발계획에 의한 기술 원조가 있다. 통상기술원조계획에 의해 실시되는 사업은 주로 전문가의 파견과 장학금의 지급이다. 유엔개발계획은 확대기술원조계획(1950년 발족)과 유엔특별기금(1959년 발족)을 통합, 1966년 1월 발족한 것이다. 사무국은 뉴욕에 있다. UNDP에 의한 개발 도상국에 대한 기술 원조는 국가별 개발 계획의 작성, 투자전 조사, 교육 · 기술 훈련, 천연 자원의 평가 등이고 그 실시는 대부분 유엔 본부 및 유엔 전문 기구에 위탁된다.

유럽 경제위원회ECE　　유엔 경제사회이사회의 지역경제위원회 가운데 하나. 1947년 3월 설치됐으며, 사무국은 제네바에 있다. 유럽 경제의 발전과 가맹국 간 및 다른 지역과의 경제 협력 촉진을 목적으로 정보와 통신의 수집 보고, 공동 조사 연구 및 권고를 행한다. 가맹국은 유럽 제국(터키 · 키프로스 포함)과 미국 · 캐나다 등 34개국이다. 구 소련 · 동구권의 경제 동향과 동서 무역에 대한 통계는 높은 평가를 받고 있다.

유럽 연합EU　　유럽의 정치 · 경제 통합을 실현하기 위해 1993년 11월 발효된 마스트리히트조약에 따라 출범한 유럽 12개국의 연합 기구. 기존의 유럽 공동체EC를 기초로 했으나 EC와는 별도로 유럽 통합 일정을 추진한다. 유럽 연합은 마스트리히트조약이 추구하는 단일 통화 창설, 공동 외교, 안보 정책 추진, 노동 교육 사회 산업 분야의 공조 등 세 개 영역의 통합 작업을 주도하게 된다. 유럽 공동체와는 달리 법률적 실체는 아니며 유럽 통합을 추진하는 추상적 주체 개념이다.

유럽안보연합기구OSCE 　정식 명칭은 '유럽에서의 안전 보장과 협력에 관한 기구'이다. 알바니아를 제외한 전 유럽 국가와 미국·캐나다 등 35개국이 1975년 8월 헬싱키에서 유럽의 항구적 평화와 안전 보장을 위해 유럽안보협력회의CSCE를 결성하고 헬싱키 선언을 채택했다. 이 선언은 제2차 세계 대전으로 정해진 국경선의 불가침, 분쟁의 평화적 해결, 인권과 기본적 자유의 존중 등 10원칙을 선언하였다. 1990년 11월 들어 알바니아를 제외한 32개 전 유럽국들과 미국·캐나다 등 34개국은 파리에서 CSCE 정상 회담을 갖고 동서 냉전의 종식과 상호 불가침을 공식 천명하는 '파리 헌장'을 채택했다. 1995년 1월 OSCE로 개칭해 상설 기구화했다.

유엔 안전보장이사회 　유엔의 주요 기관으로 상임 이사국 5개국과 비상임 이사국 10개국으로 구성된다. 비상임 이사국의 반수는 지역별 배분 원칙에 따라 총회에서 3분의 2의 다수결로 선출되며 임기는 2년으로 매년 5개국씩 개선된다. 우리 나라도 비상임 이사국에 선출된 적이 있다. 안전보장이사회는 국제 평화와 안전의 유지에 대하여 신속하고 유효한 행동을 취하며 평화와 안전 유지에 대한 모든 문제를 심의·조사·권고·집행하는 임무를 가진다. 분쟁 지속으로 국제 평화와 안정을 위협할 우려가 있는 경우, 당사국에 대해 평화적 수단에 의한 분쟁 해결을 요청하고 구체적인 조정 절차나 방법 또는 적절한 해결 조건을 권고한다. 그러나 평화에 대한 위협이나 침략 사태가 발생할 경우에는 경제적 제재뿐만 아니라 군사적 강제 조치를 발동한다. 절차 문제에 대한 결의는 15개국 가운데 9개국 이상의 찬성으로 이루어진다. 그러나 5개 상임 이사국 가운데 어느 한 나라라도 반대하면 결정은 성립되지 않는다. 이것이 거부권이다.

유엔 우주평화이용회의UNISPACE　　우주 공간에 대한 대규모 회의로 1968년 제1회 UNISPACE(유니스페이스) 빈 회의는 우주의 연구 탐사로 얻어지는 혜택과, 우주 개발에 참가하고 있지 않은 나라들, 특히 개발 도상국이 이를 향유할 수 있는 범위를 검토하고, 이 밖에 비우주 개발국도 참가할 수 있는 우주 활동에서의 국제 협력 기회에 대해서도 검토했다. 1982년 제2회 빈 회의는 선진국뿐 아니라 개발 도상국도 우주 활동에 참가하면서 어느 정도 현실적으로 우주의 평화 이용 및 유엔의 역할에 관련된 국제적인 협력 계획을 재검토했다. 특히 군비 확장 경쟁이 우주 공간에 확대될 가능성에 대해 우려를 표명했다.

유엔 인권위원회　　유엔경제사회이사회의 보조 기구로 유엔의 주요 목적의 하나인 국제적인 인권의 신장에 대해 동 이사회를 돕는 것을 목적으로 설립된 위원회이다. 1948년 12월 10일 유엔 총회에서 정식 성립되었다. 세계인권선언 및 국제인권규약의 기초를 맡았고 오늘날 세계 각처에서 문제가 되고 있는 인권 침해에 대한 조사를 하고 있다. 이와 별도로 1976년에 국제인권규약의 발효에 따라 당사국의 보고를 접수, 이를 심의하는 기관으로서 인권위원회가 설립되었다. 이 위원회는 전자와의 혼동을 피하기 위해 '규약인권위원회' 또는 '인권특별위원회'로 번역되기도 한다.

유엔 총회　　전가맹국으로 구성되는 유엔의 최고 기관. 매년 9월의 제3 화요일에 시작되는 정기 총회 외에, 안전보장이사회 또는 가맹국 과반수의 요구로 개최되는 특별 총회가 있다. 총회의 표결은 중요 사항에 대해서는 3

분의 2 이상의 찬성이 있어야 하고, 그 밖에 일반 사항은 과반수의 찬성이 있어야 한다. 중요 사항이란 평화와 안전 유지에 대한 권고, 여러 이사국의 선거, 신가입국의 승인, 가맹국의 특권 정지나 제명, 예산 문제, 그리고 총회의 과반수로서 중요 사항으로 지정된 문제 등이다. 1국 1표의 투표권을 행사한다. 총회는 예산의 결정이나 유엔의 내부 조직에 대한 사항을 제외하고는, 일반적으로 토의와 권고를 할 수 있을 뿐이고 구속력 있는 결정은 할 수 없다. 총회의 보조 기관으로는 일곱 개의 주요 위원회 외에 각종 운영위원회와 상설위원회가 있다.

유엔 평화 유지 활동UN PKO　　유엔이 관계 당사국의 동의를 얻어 유엔 평화 유지군이나 감시단 등을 현지에 파견해 정전의 감시 또는 치안 유지 임무를 수행하는 일을 일컫는다. 사태의 진정이나 재발 방지 등의 역할을 한다. 유엔 헌장에 유엔군 등을 중심으로 집단 안전 보장 체제를 규정하고 있음에도 불구하고 전후 미국과 소련을 중심으로 한 동서 대립 속에서 안전보장이사회 상임 이사국 사이에 협조가 이루어지지 않아 이 체제가 기능을 발휘할 수 없기 때문에 세계 각지에서 분쟁을 평화적으로 해결하기 위해 유엔이 실제 경험을 통해 확립한 제도이다. 조직 형태는 정전 감시단과 평화 유지군으로 나눌 수 있다. 정전 감시단은 정전의 감시 감독을 위해 분쟁 지역에 파견되며 정전을 위반하는 행위가 일어나면 이것을 즉시 안전보장이사회에 보고하는 것이 임무이다. 위반 행위를 억압하는 것이 임무가 아니기 때문에 무기를 휴대하지 않는다. 반면 평화 유지군은 개인 화기, 장갑차 등으로 경무장하며 대규모이다. 때로는 UNTAC(캄보디아 잠정 행정 기구) 등 대규모 PKO의 경우처럼 민간인도 대거 참여한다.

유엔 평화 유지군PKF   유엔 평화 유지군은 크게 정전 감시단과 평화 유지
군으로 나뉘어진다. 1948년 이스라엘과 아랍 제국간의 휴전을 감시하기 위
한 유엔정전감시기구UNTSO를 시초로 이후 수십 차례 구성되었다. 평화
유지군은 분쟁 당사국들이 원할 때만 유엔 안전보장이사회의 결의에 따라
배치되며 보통 여러 국가에서 자발적으로 차출, 파견된다.

유엔 헌장   유엔의 목적, 근본 조직 활동 등의 기본 원칙을 정한 문서.
국제 사회의 헌법이라고도 할 수 있는 기본 법규이다. 1944년 미국·영
국·중국·소련 4개국이 참가한 덤 버튼 오크스 회의에서 헌장의 원안인
'전반적 국제 기구 설립에 대한 제안'이 작성되고, 1945년 2월의 얄타 회
담을 거쳐 같은 해 6월 26일 샌프란시스코에서 개최된 연합국 회의에서 채
택되었으며, 같은 해 10월 24일 발효되었다. 원 가맹국은 51개국이다. 이
날을 기념하여 10월 24일을 '유엔의 날'로 정하였다. 국제 협력에 의한 세
계 평화의 달성을 목적으로 한 이 헌장은 전문에 이어 19장 111개조로 이
루어져 있으며, 원문은 영어·중국어·프랑스어·러시아어·스페인어로 씌
어 있다. 유엔 헌장을 개정하기 위해서는 유엔 총회 3분의 2의 찬성을 거
치고 이어 상임 이사국을 포함한 전가맹국의 3분의 2 이상의 비준을 얻어
야 한다(108조).

유엔 환경개발회의(리우 회의)   공식 명칭은 환경 및 개발에 대한 유엔 회
의UNCED. 지구 정상 회담이라고도 한다. 1992년 6월 3일부터 14일까지
12일 간 브라질의 리우데자네이루에서 세계 185개국 대표단과 114개국 정
상 및 정부 수반들이 참여하여 지구 환경 보전 문제를 논의한 회의. 이 회
의에서는 선언적 의미의 '리우 선언'과 '의제 21'의 채택 외에 지구의 대기

보전을 위한 '지구온난화방지협약', 생물 자원의 보호와 개발에 대한 '생물 다양성 협약' 등이 각각 수십 개국에 의해 별도 서명됨으로써 지구 환경 보호 활동의 수준이 한 단계 높아지는 성과를 낳았다. 그러나 선진국과 개발도상국의 입장 차이 및 재정 부담 문제에 따른 불명확한 타결이 과제로 남았다.

유전자 변형 농산물GMO 특정 작물에 없는 유전자를 인위적으로 결합시켜 새로운 특성의 품종을 개발하는 유전 공학적 기술. 병충해에 강하고 수확량이 큰 품종을 개발하는 것이 목적이다. 미국 몬산토사가 1995년 유전자 변형 콩을 상품화하면서 일반에게 알려지기 시작했다. 유해성에 대한 논란으로 유럽 연합은 최종 판매 제품에 유전자 조작 여부를 표시하도록 하고 있으며, 일부 국가에서는 유전자 농작물의 판매를 금지하고 있다.

인간 개발 지수HDI 유엔개발계획UNDP이 세계 175개국을 상대로 매년 산정하며, 측정 기준은 평균 수명, 교육 수준, 구매력 기준 일인당 국내 총생산 등이다. 1997년 6월 12일 발표된 '유엔 인간개발보고서'에 따르면 우리 나라의 HDI는 0.890으로 1996년의 0.886에 비해 높아졌지만 순위에서는 세 단계 하락한 세계 32위로 평가되었다. HDI가 가장 높은 나라는 캐나다이며 다음은 프랑스·노르웨이·미국·아이슬란드·네덜란드·일본·핀란드 등의 순이다.

인적 자본Human Capital 인간을, 투자에 의해 그 경제 가치 내지 생산력의 크기를 증가시킬 수 있는 자본으로 보는 이론. 곧 투자에 소요되는 지출이 있으면 그에 상응하는 수익이 발생하는 실물 자본처럼 인간에 대한 교육 훈련 등의 투자도 인적 자본을 형성하고 자본 수익을 내게 된다는 뜻이다. 1950년대 말부터 미국의 노동 경제학에 새롭게 나타난 개념으로 미국의 슐츠와 베커 등에 의해 발전되어왔다.

전략무기감축협상START 미국과 구 소련간의 전략 무기 감축에 대한 협상. 종래의 SALT가 제한 교섭이었던 것에 대해 START는 적극적인 감축 교섭이라는 인상을 주려고 하는 것이지만 1980년 1월에 중지된 SALT III 자체가 이미 감축 협상의 의미를 가지고 있었다. START는 폴란드 정세에 영향을 받아 1982년 6월에야 비로소 제네바에서 시작되었다. 그후 1983년 3월 중단. 6월에 재개했으며 1991년 7월 부시 미국 대통령과 고르바초프 소련 대통령이 당시 미국과 소련이 보유하고 있는 대륙간탄도미사일ICBM 등 장거리 핵무기를 향후 7년에 걸쳐 30퍼센트와 38퍼센트 감축하기로 협정을 체결했다. 이 협정은 소련의 붕괴로 한때 실효성에 의문이 제기되었으나 1992년 구 소련의 러시아 · 우크라이나 · 카자흐 · 벨로루시 네 개 핵보유국이 협정 이행을 위한 의정서에 서명함으로써 타결되었다. START는 앞서 체결된 세계적인 핵 위협 제거에 중대한 진전으로 평가되고 있다. 1993년 1월엔 조지 부시 미국 대통령과 보리스 옐친 러시아 대통령이 2단계 전략무기감축협정START II에 서명. 2003년까지 ICBM을 500기 정도로 줄이고. 잠수함발사미사일SLBM도 1,750기 수준으로 제한하기로 했다.

전자 민주주의 컴퓨터 통신을 이용. 사회 문제에 대해 의견을 제시하고 특히 젊은층의 여론을 정치에 반영하려는 뜻에서 1993년 초부터 미국을 중심으로 전파되기 시작한 신세대 정치 운동이다.

전자 상거래　　컴퓨터를 이용해 인터넷이나 PC 통신에 접속해서 물건을 사고 파는 행위를 말한다. 실제 공간이 아닌 가상 공간이지만 책, 음반 등 개인이 필요한 물품을 거래하는 소매업부터 국가간 무역까지 모든 상행위가 가능하다. 상품 주문은 직접 매장에 가지 않고 집에서 컴퓨터를 통해 인터넷 홈페이지에 게시된 사진 등을 보고 실시하며 대금 결제는 온라인 입금이나 신용 카드 번호를 입력하는 방법을 사용한다. 전자 상거래를 통한 국가간 무역에는 관세를 붙이지 않는 무관세 움직임이 일고 있어 앞으로 규모가 대폭 늘어날 전망이다. 비자·마스타 등 신용 카드 업체들은 전자 상거래의 규모를 늘리고 안전성을 보장하기 위해 보안 규격SET을 확정, 발표했다. SET 규격은 상품 구매자가 인터넷에서 자신의 신용 카드 번호를 입력할 때 타인이 함부로 해당 번호를 도용하지 못하도록 방지하는 장치다.

전자 화폐　　화폐 기능을 하는 마이크로칩이 내장된 플라스틱 카드. 신용 카드만한 크기로, PC나 전자 지갑에 연결되어 국내뿐만 아니라 국가간의 계좌 이체가 가능하므로 휴대와 인출·사용이 간편하다. 그 특성상 보편화될 경우에 국민 경제라는 개념이 사라지게 될 것이다. 사용 후 기록이 남지 않는다는 익명성과 개인간에 현금 거래가 가능하다는 장점이 있는 반면, 통화량 통제 등의 금융 정책 기능이 마비될 가능성이 높고 탈세를 막기 어려우며 컴퓨터 해커에 의한 대량 도난의 위험이 크다는 단점도 있다.

제3세계　　일반적으로 선진 자본주의 제국을 제1세계, 구 소련·동구의 사회주의 제국을 제2세계, 개발 도상국을 제3세계라 한다. 1974년의 유엔 자원총회에서 중국의 덩샤오핑 대표가 미국과 소련의 초대국을 제1세계, 중국을 포함한 개발 도상국을 제3세계, 그 중간의 일본과 유럽을 제2세계라 불렸다. 그러나 제3세계 중에서도 자원이 많은 나라와 자원이 없는 나라 사이에 입장의 차이가 있다는 사실은 1974년 2월의 회교국수뇌회의나 3월의 비동맹제국회의, 개발 도상국 77개국그룹회의에서도 표면화되었다. 자원도 없고 공업화를 위한 자본이나 기술도 없는 35개국의 '후개발 도상국LDDC'에 제4세계라는 이름이 붙여졌다. 이밖에도 특히 1973년의 석유 위기에 '가장 큰 영향을 받은 나라들MSAC'을 제5세계라 부르기도 한다.

지구 온난화 현상　이산화탄소가 지표에서 대기로 다시 반사되는 적외선을 흡수, 온실의 유리 지붕과 같은 역할을 하게 돼 지구 표면의 온도가 올라가는 현상. 이산화탄소는 화학적으로 안정할 뿐만 아니라 무독해 그 자체는 생물에 아무런 직접적인 해를 끼치지 않지만, 태양의 빛 가운데 짧은 파장은 통과시키고 긴 파장은 잡아두는 물리적 성질을 갖고 있다. 대부분의 학자들은 대기 중 이산화탄소량의 증가가 지구 온난화 현상의 주원인으로 보고 있다. 대기 중의 이산화탄소량이 증가하는 것은 석유·석탄 등 화석 연료를 많이 쓰는 데 기인한다. 1950년대부터 40년 간 대기 중 이산화탄소 함유량은 0.031퍼센트에서 0.035퍼센트로 늘어났고 지구는 지난 100년 간 섭씨 0.5도 더워진 것으로 조사되었다. 이런 추세가 계속되면 바닷물에 침수되는 지역이 넓어지고 2070년에는 우리 나라의 기온이 지금보다 2~2.5도 오를 것으로 예상된다.

지구촌　1945년 공상 과학 소설가인 클라크가 제시한 지구의 미래상으로 그는 인공 위성을 통해 빛의 속도로 세계 각지의 사람들이 동시에 통신을 할 수 있을 것이라고 예견하였다. 이러한 꿈은 그후 1965년에 최초의 상업 통신 위성인 얼리 버드가 발사됨으로써 현실화되었다. 결국 지구촌이란 지구 전체가 하나의 마을과 같은 성격을 가지는 것으로 사람들 모두가 서로를 알게 되고 모든 정보의 혜택을 누리게 되는 사회를 말한다.

지구환경금융GEF　　지구의 환경 보호를 위해 후진국에 금융 지원을 해주는 국제 기구로 1991년 유엔 환경개발회의의 결정에 의해 설립됐다. 후진국의 경우 환경 보호를 하고 싶어도 시설 투자를 할 지원이 없어서 어렵다는 문제점을 해결하기 위한 기구다. 개발 도상국을 대상으로 지구 온난화 방지·생물 다양성 보호·국제 수자원 보호·오존층 보호 등 네 개 분야에 자금을 융자해주고 있다. 워싱턴에 있는 세계은행이 사무국 기능을 맡고 유엔개발계획이 집행 업무를 맡고 있다.

코소보 사태　　코소보는 유고 연방 남부에 위치한 인구 200만 명 안팎의 소규모 자치주로 인구의 90퍼센트가 알바니아계 주민이다. 발단은 극소수에 불과한 세르비아계 유고 보안군이 알바니아계의 독립을 막기 위해 '인종 청소'를 자행, 1998년 2월부터 알바니아인 사망자 1,4000여 명에다 27만 5,000명의 난민이 발생하며 비롯되었다. 옥토와 풍부한 관광 자원을 지닌 코소보는 전략적인 가치도 높아 세르비아를 중심으로 한 유고 연방으로선 포기할 수 없는 요충 지역이다. 세르비아는 1989년 3월부터 코소보 자치권을 박탈하는 등 탄압을 해왔으며, 1998년 들어 강간·고문 등 무자비한 인종 청소를 더욱 강화, 유고에 대한 국제 사회의 비난이 쏟아졌다.

토빈세　　투기성 단기 자금(일명 핫머니)이 국경을 넘을 때마다 매기는 세금. 노벨 경제학상 수상자인 예일 대학교의 제임스 토빈 교수가 1971년 처음 제안했다가 최근 아시아 경제 위기의 원인이 국제 외환 유통 체제의 불안정에 있다고 보고 다시 도입을 주장하고 있다. 단기 이익을 위해 이 나라 저 나라로 옮겨다니는 투기성 자금을 억제해 급작스런 통화 가치 변동에 따른 금융 공황을 막자는 것이 목적이다. 하지만 실효를 보기 위해서는 모든 나라가 동시에 같은 조치를 취해야 한다. 만약 이탈자가 있으면 외환이 그쪽으로만 몰리는 문제가 있다.

포괄적핵실험금지조약CTBT　　핵 확산 방지를 위해 1996년 9월 유엔 총회에서 채택된 결의안으로 대기권은 물론 우주·수중·지하에서 어떤 핵 실험도 금지하고 있다. 미국·영국·프랑스·중국·러시아 등 5개 핵강국과 인도·이스라엘·파키스탄 등 핵 개발 보유국, 우리 나라 등 원자로 시설 보유국을 포함한 44개국이 서명하고 13개국이 비준을 마쳤으나 인도와 파키스탄은 서명을 거부하고 있다.

핵폐기물　　원자력 발전소나 병원, 연구소 등에서 나오는 원자력 부산물을 말하며 고준위, 중저준위 폐기물로 구분된다. 중저준위 폐기물이란 방사능을 띤 기체로부터 방사능을 걸러내는 필터, 원자로 내의 방사능을 흡착하는 이온 교환 수지, 액체 폐기물을 처리한 뒤에 남는 찌꺼기, 청소에 사용된 종이나 걸레 비닐 주머니, 이것들을 소각하여 생긴 재 등이다. 이것들은 콘크리트나 아스팔트로 혼합해 드럼에 넣어 응고시켜 보관한다. 고준위 폐기물이란 사용 후 핵연료가 많이 남아 있을 뿐만 아니라 방사선의 세기가 강하고 반감기가 수만 년이나 되는 원소도 있어 세계 각국에서는 이것을 물 속에 넣어 보관하고 있다. 그 속에 있는 핵연료 물질을 다시 이용하기 위해서이다.

핵확산금지조약NPT 정식 명칭은 '핵무기의 불확산에 대한 조약'. 1970년 3월 3일 발효했고 애초 유효 기간은 25년. 전문, 본문 11개조로 되어 있으며 핵보유국의 핵무기, 기폭 장치 및 그 관리의 제3자에 대한 이양 금지, 비핵보유국의 그러한 무기의 수령 금지, 자주 개발의 금지, 원자력 시설에 대한 국제 사찰의 인정, 체약국에 의한 핵군축·전면완전군축조약에 대한 교섭을 성실히 행할 것 등을 규정하고 있다. 이 조약의 이행 상황은 5년마다 검토하게 되어 있는데, 1980년의 제2회 검토 회의에서는 개발 도상국이 미소 양국에 대해 핵군축에 진전이 없다는 불만을 표명하였다. 1990년 8월에는 이 조약을 재검토하기 위한 제4차 국제 회의가 제네바에서 열렸다. 이 회의의 개막 연설에서 국제원자력기구IAEA의 사무 총장은 미소를 겨냥하여 각국은 핵무기를 폐기하여 거기서 회수되는 핵분열 물질을 발전에 전용하라고 촉구했다. 북한은 1992년 4월 10일에 가입했으나 1993년 3월 12일 돌연 탈퇴를 선언하여 전세계에 충격을 주었다. 그러나 5월 10일 유엔 안전보장이사회가 대북 결의안을 채택하자 북한은 6월과 7월에 미국과 1·2단계 고위급 회담을 가진 뒤 NPT 탈퇴 유보와 사찰 협의 재개에 동의했다. 북한은 11월 11일 핵 문제 일괄 타결을 주장하는 등 이후 핵사찰 수용과 불가를 거듭한 끝에 1994년 2월 15일 IAEA의 핵사찰을 전격 수용, 3월에 2주간의 핵사찰을 받았다. 그러나 방사 화학 실험실의 사찰 거부, 핵연료봉의 독자 교체 등으로 북한 핵 문제는 여전히 난항을 겪고 있다. 한편 1995년 4월부터 NPT 연장 회의가 뉴욕에서 열려 5월 11일 조약 당사국 전원 합의로 NPT의 무기한 연장을 결정함으로써 NPT는 항구적인 조약으로서 새롭게 출범했다.